鴻上尚史の ますます ほがらか 人生相談

息苦しい「世間」を
楽に生きる処方箋

鴻上尚史

朝日新聞出版

＼ますます／
鴻上尚史の
ほがらか人生相談

息苦しい「世間」を楽に生きる処方箋

目次

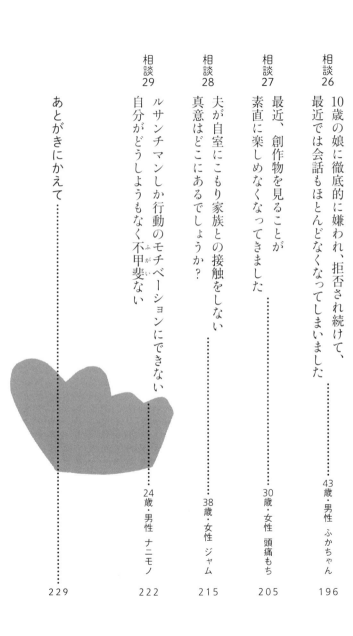

相談1

寺の長男として生まれた僧侶《そうりょ》ですが、強権的な父が苦手で、家を出たいです

26歳・男性　まちかど

鴻上さん、こんにちは。僕は26歳の僧侶です。自分の今後について悩んでいます。

僕は寺の長男として生まれ、住職を継《つ》ぐことが当然として育てられました。しかし、父が強権的だったこともあり、中高生の頃からその将来に疑問を持ち、家を出たいと思うようになりました。父には恐ろしくて言えなかったので母に相談すると、難しい顔をされました。そのまま僕は両親の思いを忖度《そんたく》する形で仏教系の大学に進みました。

今年、腹を括《くく》ったつもりで実家に帰ってきました。朝夕の勤行《ごんぎょう》、法事、葬式。どれも辛《つら》いわけではなく、むしろやりがいがあると言ってもいいです。しかし、些細《ささい》なことで父に怒鳴《どな》られたりなど、ふとした瞬間に、自分は何をやっているんだろう、何が楽しくてここにいるんだろうという思いが湧《わ》き上がってきます。

父が苦手なので離れて暮らしたいのですが、母を置いて家を出ることに後ろめたさを感じます。また僕が寺を継ぐことを放り出すことで兄弟や親戚にも迷惑をかけると思います。

家を出て自立したいのに決心がつきません。

26歳にもなって家出の相談なんて、自分でも情《なさ》けないです。10年以上ぐるぐると同じことを悩み続けて、どうしたらいいか分かりません。鴻上さんの意見が聞きたいです。よろしくお願いします。

まちかどさん。僕には、まちかどさんの悩みはとてもシンプルに思えます。

まちかどさんは、「朝夕の勤行、法事、葬式」にやりがいを感じているのでしょう。ということは、僧侶を続けることには満足しているのでしょう。

でも、父親との関係がどうしても納得というか、受け入れられないのでしょう。だったら、まちかどさんが本当にお寺を継がないといけない時期まで、どこか他のお寺で修行《しゅぎょう》するのはどうですか？

僕は仏教界に詳《くわ》しくはないですが、修行先として受け入れてくれるお寺はそれなりにあるんじゃないですか？

両親には、正直に、「お寺は継ぐ。住職になる。でも、父親との関係がどうしてもうまく作れない。いまだに、些細なことで怒鳴られることに我慢《がまん》できない。だから、他のお寺で修行を続けながら、やがて将来、父親が住職を続けられなくなった時に、実家のお寺に戻る」と約束するのです。

まちかどさんは、これから僧侶として、いろんな人の悩みを聞く立場になると思います。そういう時のためには、まず、自分の悩みに対して、ちゃんと向かいあって、そして、自分なりに結論を出して、行動することはとても貴重な経験だと思うのです。

「父親との関係がどうしても苦手だ」と伝えることで、父親がどんな反応をするのか。他のお寺で僧侶を続けるというアイデアに父親がどう反応し、どう怒り、それに対して、まちかどさんがどう受け止め、どう対処するか。

それがすべて、やがて、まちかどさんが出会う檀家《だんか》の人々や悩める人達への向き合い方の貴重なレッスンになると思います。

僧侶という仕事には充実感を感じているとちゃんと伝え、その上で、父親との関係が苦手だと、正直な気持ちを両親に話すところから始めてみてはどうですか？

感情的にならず、父親の強権にも怯《ひる》まず、粘《ねば》り強く交渉してみて下さい。

これもまた、仏教の修行ですかね？と、仏教に詳しくないのに言いました。

失礼しました。合掌《がっしょう》。

相談2

中学生だった頃、私を嫌っていじめた教師の記憶に区切りをつけたいです

23歳・女性　ふみえ

自分を嫌っていた教員に会いに行くか迷っています。私は中学生だった頃、一人の教員に嫌われていました。その教員は私の容姿《ようし》や言動の特徴をあげつらい、いじめてきました。腹立たしいのは、授業中の冗談の一環《いっかん》や注意の体《てい》をとっていたことです。授業もうまく、人気のある教員だったので、それだけで生徒たちに「あいつには何を言ってもいい」という印象を植えつけていました。おかげで中学卒業まで私は他の生徒にバカにされ続けました。思春期の間、その先生にずっと苦しめられ、「なぜ私はこんなに嫌われるのか」と悩みました。

卒業してその後、私はその教員より有名な大学に入り、優しい恋人もできました。そして、あの教員も一人の人間として弱さを抱《かか》え、悩みながら働いており、それなり

に苦しかったのだとわかるようになりました。

でもいまだに、ふとした瞬間に中学生の頃に引き戻され、腹立たしさと悲しさでいっぱいになります。一生こんな思いをするのは嫌《いや》です。そこでいっそ、同窓会でもクラス会でもなんでもいいので、あの教員に会ってみて思いの丈《たけ》をぶつけてみようかと迷っています。謝罪してもらえなくても、許せなくても、なにか区切りをつけられるのではないかと思います。

同時に、「そんなことしても自分で傷口に塩を塗るだけではないか」とも思うのです。どちらの気持ちを天秤《てんびん》にかけても、同じくらい迷います。鴻上さん、ヒントをください。

ふみえさん。ヒントもなにも、ここまで思っているのなら、直接会って、正直に言った方がいいと僕は思います。
ふみえさんは23歳ですから、8年ぐらい前の話ですかね。先生も、まだ年老いていないでしょう。早く会って、思いのたけをぶつけてみたらどうでしょう。
それが一番、精神衛生上、良いと思います。

ただし、その時、いきなり、「バカ野郎！」とか「ふざけるな！」「絶対許さない！」と怒《ど》鳴《な》るのではなく、必死で感情をコントロールしながら、ふみえさんが僕に説明してくれたように、ひとつひとつ、順を追って説明して下さい。

相手の教師は、授業もうまく、人気もあるということは、話術に長《た》けた人でしょう。そういう人に、大人になって挑戦するのです。周到《しゅうとう》に準備しないといけません。そうしないと、簡単に反論されて、ねじ伏《ふ》せられてしまうかもしれません。

大切なことを伝えるためには次の4つのステップが必要です。

まず、一つ目は「相手のしたことを具体的に示す」です。ひどいことをした、なんていう抽象的なことじゃなくて、どんなふうに容姿をあげつらったか、授業中に何を言ったかを、ひとつひとつ具体的に説明するのです。

二つ目は、「その結果、自分にどんな影響があったかを具体的に説明する」のです。これも、ただ「傷ついた」とかではなく、「どんな気持ちがしたか」「どんなことが起こったか」「どんな精神的傷を受けたか」を言うのです。

そして三つ目は、「今、現在の感情を冷静に伝える」ということです。教師を目の前にした自分の感情です。たぶん興奮して、怒りと恐怖に包まれて、混乱すると思いますが、それを冷静に伝えるのです。「あの時のことを思い出して、今、怒鳴りたくなっています」とか「あなたを前にして、許せないという気持ちが溢《あふ》れていますんてことです。

そして四つ目が「冷静に自分の希望を語る」のです。「冷静」ということが一番、大切です。

謝《あやま》って欲しいのか、どうしてこんなことをしたのか説明して欲しいのか、ただ話を聞いて欲しかっただけなのか。

これは、僕の著作『コミュニケイションのレッスン』（大和書房）の中の「交渉する」という項目のテクニックです。

本当に大切で重要な交渉の時、気持ちは高ぶって感情的になりがちです。でも、感情に振り回されたら、何も伝わりません。

本当に大切なことを伝えようとする時に、感情的になったら負けなのです。

日本人はつい、「気持ちがあれば必ず伝わる」と思い込もうとしますが、残念ながら願望であり、ただの誤解です。

ふみえさんが一大決心して、教師に会うのです。ただ感情的になって、混乱して、うまく伝えられず、教師にも反論されて、結果的に「会うんじゃなかった」と後悔しないようにしないといけません。

そのためには、各ステップで言うことを整理して下さい。

そして、目の前に教師がいるつもりで、何度もシミュレーション・トレーニングをするのです。

椅子《いす》をひとつ目の前に置いて、そこに教師が座っているとイメージしながら話しかける、なんていう方法が有効だと思います。まるで演劇のセリフのように、繰《く》り返し練習して、興奮していても混乱していても、順を追って話せるようにするのです。

どうですか、ふみえさん。

大変だなと思いましたか？　自分が本当に思っていることを、ちゃんと相手に伝えることは、とても大変なことなのです。

ただ感情を発散することは楽《らく》ですが、それでは何も伝わりません。感情を爆発させることも、事務的なことを冷静に伝えることも簡単です。

一番しんどいことは、「感情が爆発しそうなことを冷静に伝える」ことです。

とても難しいですが、これが「いまだに、ふとした瞬間に中学生の頃に引き戻され、腹立たしさと悲しさでいっぱいになります」という状態から抜け出す、一番確実な方法だと僕は思います。

なによりも、ふみえさん。そんな交渉ができるように努力することは、魅力的な大人になるレッスンです。

ひどい教師への対決の練習が、素敵《すてき》な大人になる練習になるのです。まさに一石二鳥です。

成功してもうまくいかなくても、この努力はふみえさんを素敵に成長させると思います。

健闘を祈ります。

相談3

中2の息子が、グループ内でいじめる側にいたことがわかりました

LINE

45歳・男性　ハチロー

鴻上さんの連載、いつも楽しみに読み、人生の指針にしています。

最近私にも深刻な悩みができてしまいました。中2の息子がクラスで、どうもいじめる側にいるらしいということがわかったのです。

妻が息子のLINEを見て、発覚しました（うちでは、携帯の中身をオープンにすることを条件に持たせています）。同じクラスのI君をグループでバカにしてパシリのような存在にさせていじめているようなのです。

妻によると、中心メンバーのX君がI君をいじめだし、よく一緒《いっしょ》にいるグループ5、6人が同調する雰囲気になり、みんなでいじめているという構図のようです。妻は見つけたときに息子を一度注意したということですが、改善された様子ではないようで、

私に相談してきました。だったら今度は俺の出番だろうと思い、「息子にいじめをやめさせるよう、話し合うよ」と妻に言うと「息子にいじめの説教するの？　余計な正義感うえつけないで。I君をかばってうちの息子がいじめられる側になったらどうするの？　中学校時代の教室の空気を思い出してよ。ひどいことにならないようにLINEは私がちゃんとチェックするから。中学校もあと1年ちょっとでしょ、もうちょっとスルーしようよ」と反対されました。妻は、なにか息子にとって問題にならなければそれでいい、という考えのようでした。

私はやはりそのまま放っておくわけにもいかないと思い、なんとかいじめをやめさせたいのですが、やみくもに「I君へのいじめをやめておまえがかばえ」と言うだけでは、たしかに息子を追いつめるだけだとも思います。同時に学校に相談することも考えていますが、「息子がチクった」ことになると、これも妻が反対しています。

我が子が過《あやま》ったことをしているのに見過ごす親でいたくありませんし、結局息子の人生のためにもならないと思っています。鴻上さんが、私の立場ならどう対処しますか？

どうか、ぜひ教えてほしいです。

ハチローさん、大変ですね。その後、息子さんの様子はどうですか？

まず、質問ですが、ハチローさんと息子さんの関係はどうですか？　ちゃんとなんでも話してくれる関係ですか？

それとも、思春期によくある「親をなんとなくうとんじる」関係ですか？

それによって、解決へのアプローチは変わってくると思っています。

もし、わりと友好な関係で、なんでもフランクに話せるのなら、率直に「いじめについて話したいんだけど」と声をかけることから始めるのがいいと思います。

奥さんが心配するように、いじめはよくないと説教するのではなく、「どんなふうにいじめているのか」「それをどう思っているのか」をニュートラルに聞くのです。

親をうっとうしいと思っていたら、「どう思ってる？」と聞くだけで、説教だと思われて反発するでしょう。

お互いの関係が良好なら、焦《あせ》らず、ゆっくりと「いじめていること」について、話し合うのです。

息子さんはどんなふうにいじめに加担《かたん》しているのか。どんな気持ちなのか。いじめる快感を持っているのか、深く考えないでいじめているのか、自分がいじめられないためにしょうがなくいじめているのか。

それでね、ハチローさん。ここから、長く険《けわ》しい闘いが始まります。

あまりに困難で、あまりにエネルギーが求められるので、歩くことが本当に苦しい道です。

でも、その道を歩く理由があります。

それは、ひとつは、「息子さん本人がいじめに加わっていることに苦しんでいる場合」です。本当はいじめたくないのに、仲間外れになりたくないから、自分がいじめられたくないから、心を殺していじめているのなら、親は助けるべきです。中二ですから14歳ぐらいでしょうか。そんな若く柔軟な魂《たましい》を傷つけてはいけないのです。

もうひとつの場合があります。それは、息子さんから「どんなふうにいじめているか」を聞けたとして、ハチローさんが「それはひどい」と思っているのに、「息子さんがたいして気にしてない場合」です。

自分が何をしているのか、どんなひどいことをしているのか、精神の未熟さと想像力の欠如《けつじょ》と自分を守ることに精一杯《せいいっぱい》で気付いてない場合です。

この時も、息子さんのいじめをとめることが、親の仕事だと思います。若く柔軟な魂を汚《けが》してはいけないのです。

それ以外の時は、奥さんの意見も正しいと思います。

いじめに対する闘いは、学校の「ことなかれ主義」「隠蔽《いんぺい》主義」「無責任主義」に阻《はば》まれて、本当に苦しいものになります。

学校と教育委員会は、自殺者が出た後、デフォルトのように「いじめはなかった」「いじめは認められなかった」と発表します。それをくつがえすのは、自殺した生徒の親御《おやご》さんの粘《ねば》り強い闘いしかないのです。

学校にいじめの問題を相談に行っても、担任が「○○さんをいじめているのは誰ですか？」などとノンキにクラス会で聞いたり、紙を配って「あなたの目撃したいじめを書いて下さい。名前は書かなくていいです」と、なんの解決にもならないことを提案したりします。子供達は、筆跡《ひっせき》で名前がバレると予想し、それで呼び出されたらチクったのは自分だと思われて、またいじめられると怯《おび》えて「何も見ていません」と書くのです。

ですから、息子さんがそれほど苦しんでなくて、そしていじめの実態も「そこまでひどくないか」と思えたら、奥さんの言うようにスルーする方法も、悲しいですがあるとは思っています。

それは、繰《く》り返しますが、「いじめと闘う道」は、本当に苦しくて困難だからです。奥さんが言うように、息子さん一人がI君をかばい、がんばることは、いじめをなくすことではなくて、息子さんが次の標的になることを意味するのです。

そして、これも繰り返しますが、息子さんが苦しんでいたり、親として息子の魂を汚したくないと思ったら、どんなに困難でも、闘う道を歩くべきだと僕は思っています。

ハチローさん。そう決心した場合、息子さんとの関係が友好なら、まず、クラスの雰囲気を聞いて下さい。

クラスメイトは、I君へのいじめを知っているのか。どう反応しているのか。クラスには他にいじめられている生徒はいるのか。それともI君だけなのか。

学校がいじめを隠せるか、隠せない規模なのかの確認です。

次に、息子さんに担任の先生の印象を聞いて下さい。いじめに対して実質的に対応できる人なのか。ただの保身《ほしん》だけを考える人なのか。生徒の人物評は、わりと的《まと》を得《え》ていることが多いです。

担任がダメな人なら、ハチローさんがいじめを告発したと簡単に生徒に知らせてしまうでしょう。校長がダメでも同じです。

まず、「学校はどれぐらい誠実にいじめに対応するか」を知ることが重要です。

「I君がいじめられている」という匿名《とくめい》の電話で動いてくれる学校なのか、いじめ問題を担当するスクールカウンセラーがいるのか、いなくてもいじめ問題を担当する教師はいるのか、その人とちゃんと話せるのか。

つらいことですが、I君の親御さんに会うことも必要になるでしょう。一緒になって、いじめをとめるために闘うのです。

I君のLINEを見せてもらうように頼みましょう。息子さんは、母親にLINEの文章を見つかって以来、いじめの文章を送信しては削除している可能性があります。「送信取消」ではなく、「削除」の場合は、息子さんのスマホには消した痕跡《こんせき》は残りませんが、I君のスマホには残ります。悲しいことですが、それは「いじめの証拠」になります。

奥さんが言うように、本当にX君が中心人物かどうかも確認しないといけません。

学校側と交渉するのは、LINEの文章以外にも、さまざまな証拠を集めた後です。クラスメイトの証言やI君のメモなんかも重要な証拠です。

学校側がのらりくらりと逃げるようなら、第三者に早急に入ってもらいます。弁護士やカウンセラー、教育委員会の知り合いでもいいです。とにかく、教師と親の密室関係にしないことです。

ね、ハチローさん。大変なことでしょう。でも、すべては息子さんの魂のためです。

もし、息子さんとの関係があまりうまくいってなくて（思春期では、それは珍《めずら》しいことではありません。ハチローさん自身や息子さんを責《せ》める必要はないです）、どんないじめをしていて、どう思っているのか、うまく聞けない場合は、まずは、息子さんとの関係を築くことが必要だと思います。

全く口もきかないという断絶ではなく、ただ「うっとうしい」と思っているぐらいなら、真剣に「話したいことがあるんだ」とアプローチすれば、やがて、会話は始まるんじゃないでしょうか。

ハチローさんの文章だと、完全に断絶しているようには感じませんが、もし、そうだった場合は、母親を通じていろいろと情報を収集して（母親に「いじめていることをどう思うか」を穏《おだ》やかに聞いてもらって）、対策を練《ね》る必要があります。場合によっては、I君の親御さんに会う必要もあるでしょう。

ただ、断絶している場合は、いじめの解決と親子の関係回復という二重の困難がありますから、まずは、断絶に対してアプローチする方がいいと思います。

どうですか、ハチローさん。

大変なことですが、自分の子供のことで、親として全身全霊を込めて向き合うというのは、人生の中でそうないことだと思います。普通の親なら、人生の中で一回か二回、あるかないか。それが、今だということでしょう。

とにかく、穏やかに冷静に、息子さんと話すことから始めてみませんか。そして、険しい道を歩き出すかどうかは、息子さんの状況次第だと思います。

がんばれ、お父さん。

追伸
いじめと闘うことは、そんなに大変なことなの？と驚いたでしょうか。ここで自分の本を出すのも気が引けるのですが、現代のいじめを題材に『青空に飛ぶ』（講談社文庫）という小説を書きました。子供達が、どういじめを巧妙《こうみょう》に隠して、親や先生にばれないようにいじめを楽しんでいるのか、最新の事情を描写しました。参考になるかもしれないので、あげておきます。

相談4

中学校の教員ですが、声の大きい先生の意見がまかりとおってしまい窮屈《きゅうくつ》です

26歳・女性　ゆき

私は公立の中学校で教員をしています。先日の校則についての回答（2冊目の単行本『もっとほがらか人生相談』相談22「日本の校則がこんなに厳しいのはどうしてですか？」を参照）を読みました。そして、ガチガチな旧体制の現場で、ゆとり教育ど真ん中の20代教員が息苦しく感じていることを相談させていただきます。鴻上さんがおっしゃる通り、学校現場は巨大な組織であるがゆえに、いろんなことが古いままです。次世代の子供たちを育てているにもかかわらずです。本当に息苦しく感じます。未《いま》だに紙媒体《ばいたい》に拘《こだわ》るところ（もちろん全ての学校ではありませんが）もさることながら、校則は本当に意味がわかりません。

うちの学校はツーブロックが禁止です。スカート丈《たけ》も短ければ注意して、寒くても

カーディガンは禁止。漫画はもちろん、トランプなどのカード類も禁止です。それぞれの禁止事項には理由があります。もちろんその理由も理解できないわけではありませんが、私自身は勉強の邪魔《じゃま》にならず、人間関係をこじらせたり大きな問題に繋《つな》がることでなければ禁止しなくてもいいじゃないか、と思います。

だから、昨年度の生徒指導会議で「ツーブロック禁止の理由は、奇抜《きばつ》な髪型にすることで上級生などに目をつけられる、トラブルの原因になることでした。しかし今、ツーブロックは奇抜ではありません。普通の、よくある髪型になっています。だから禁止を解《と》くべきだと思います」と発言しました。実は校則は毎年会議で見直されています。そして、私はその見直しで意見を言える生徒指導部に所属していました。他の先生方も「確かにそうかもしれない」と大方《おおかた》同意しているような雰囲気でした。

ところが、消えたはずのツーブロック禁止が今年いつのまにか復活していました。どうやら、30代後半のおじさん先生が「いやツーブロックはあかんやろ」と譲らなかったようなのです。その先生は生徒指導部には所属していませんが、いろんな意味で声が大きく絶対に自分の考えを曲げない性格です。今年度は生徒指導部から抜けた私の意見など吹き飛ばされてしまったようでした。本当に意味がわかりません。おじさ

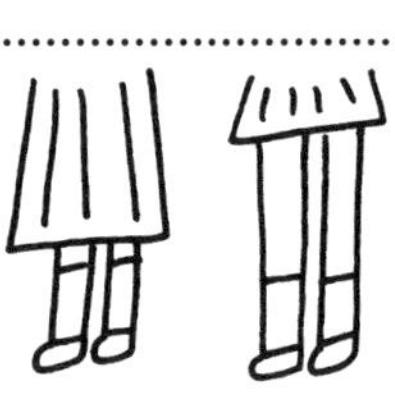

ん先生の「当たり前」という一言で、合理性も吹き飛ぶのです。私が何より腹が立つのは、そのアップデートされず他人の意見にも耳を貸さない人のせいで、生徒が窮屈な思いをすることです。

私はこういうことが普通にまかり通るガチガチの組織である学校現場が本当に嫌《いや》です。もちろんそんな人ばかりでなく、若造の意見にも耳を傾けて親身《しんみ》になってくれる素晴《すば》らしい先生も大勢おられます。しかしこういう意味不明な生き物がでかい顔をしていると息苦しいです。苦しい思いをしている「ゆとり」教員たちは、組織の中でどうやって過ごしていけばいいのでしょうか？　長文失礼しました。

ゆきさん。大変ですね。大変なのに、ゆきさんの努力、頭が下がります。
ゆきさんのような教師が一人でも増えれば、学校は少しは深呼吸できる場所になると思います。

ゆきさんもご存じのように、僕は無意味な校則をずっと攻撃しています。今までもそうですが、これからも攻撃を続けるでしょう。

そうすると、ツイッターとかで「私は教師です。鴻上さんのファンでしたが、校則を攻撃している文章を読むのがつらいのでもうファンをやめます」なんて書かれます。

無意味な校則を責めることは、現場の教師を責めることではありません。戦場の兵士を責めても意味はないのです。問題は、戦争を起こした上層部です。

ただし、戦場で積極的に残虐《ざんぎゃく》行為を行う兵士は責めます。何の疑問もなく「いやツーブロックはあかんやろ」と叫ぶ先生は、僕は闘う相手だと思っています。

でも、多くの先生は「そんなに目くじらをたてることなのかなあ」と思っていると僕は思っています。

ただ、そう思って、ゆきさんのように発言する人と、「波風《なみかぜ》立てるとやっかいだから、黙っておこう」と思ってる人に分かれていると僕は思っているのです。

僕は中学・高校時代、ずっと無意味な校則と闘ってきました。「髪の毛が耳にかぶさっている！　服装の乱れは心の乱れだ！」と高圧的に命令する教師《せ》と、「まあ、ほどほどにな」とあいまいに指導する先生がいました。

もし、学校の先生が全員、「絶対に許さない！」と高圧的な権威で迫《せま》ってきていたら、僕は学校を飛び出していたでしょう。

指導する先生自体が、「もっと大切なことがあるんじゃないかなあ」「この校則にどんな意味があるんだろう」と悩んだり、葛藤《かっとう》したりする様子が見えることは、僕にとって救いでした。

それは、「先生も人間なんだ」と思えたからです。

「服装の乱れは心の乱れ」と機械的に繰《く》り返す教師は、人間には感じませんでした。ただの組織の一部というか、心をやり取りする相手には思えませんでした。

卒業後、高校の学年全体の同窓会がありました。悩んだり、葛藤していた先生の周りには、生徒が集まりました。

機械的に生徒を指導していた先生の周りは、閑散《かんさん》としていました。

その風景を見ながら、「みんな同じことを感じていたんだ」と僕は思いました。

ですから、ゆきさん。

今回、僕はゆきさんの相談に対して、決定的な答えを持っていません。ではなぜ、相談を取り上げたのかというと、ゆきさんのような先生がちゃんといて、悩んで、葛藤して、無意味な校則と向き合おうとしているんだということを、多くの人に知ってもらいたいと思ったからです。

ゆきさんが、「私が何より腹が立つのは、そのアップデートされず他人の意見にも耳を貸さない人のせいで、生徒が窮屈な思いをすることです」と書いてくれることは、希望です。

この文章が、無意味な校則に苦しんでいる生徒をどれだけ慰《なぐさ》め、勇気づけることか。教師という職業に悩んでいる人達もまた、「苦しんでいるのは私だけじゃない」と安心し、頑張る力を得るでしょう。

僕が中学・高校時代、ゆきさんのようなことを書いてくれる先生と出会いたかったと心底《しんそこ》、思います。

学校現場という「世間」が強力に残っている場所での闘いは、少しずつ少しずつ、したたかに、粘《ねば》り強く、あきらめず、同志を増やしていくしかないと思っています。

申し訳ないのですが、解決のための特効薬はありません。

声だけが大きい、思考停止している、手段を目的化してしまい、上位の目標を意識できない人達が権力を握る場所で、ゆきさんは闘っているのです。

あきらめず、くじけず、一歩一歩、進むしかないと思います。

闘いを心底、応援します。

相談5

結婚して2年、15歳の年の差夫婦ですが、早くもセックスレスで虚《むな》しいです

29歳・女性　すみれ

鴻上さん、こんにちは。いつも楽しくこのコーナーを拝見しています。

私の誰にも相談できない悩みを聞いてください。

私達夫婦は結婚して2年、生後5ヶ月の息子がいるのですが、早くもセックスレスになりそうです。

ちなみに15歳の年の差夫婦です（私29歳、夫44歳）。生後5ヶ月の子どもがいるので言ってることがおかしいと感じるかもしれませんが、色々経緯はあります。

結婚したのは2年前ですが、夫の仕事の都合で離れて暮らしていました。

距離は車で2時間半程《ほど》の場所です。会えるのは多くて週に1度。セックスの頻度《ひんど》は2週に1回、1ヶ月に1回、2ヶ月に1回、それどころか二人で温泉旅行に行った時

ですらしないなど、どんどん少なくなっていました。

私は夫のことが大好きで、早く子どもが欲しかったこともあり「最近セックスが少ないのが寂《さび》しい。会えるときはできれば毎回したい」と伝えました。しかし夫からは「遠距離の移動と、（私の）機嫌《きげん》を取るのに疲れる」と言われ、なんだか寂しくなってしまい泣いてしまいました。そしてその時に仲直りでしたセックス（夫は仕方なしに）で妊娠し、生まれたのが現在5ヶ月の息子です。義務感がすごく伝わってくるセックスで、なぜかわかりませんが生まれた息子に申し訳なく感じてしまいます。

その後妊娠中から現在に至るまで、セックスしていません。妊娠後期から夫は転勤になり、一緒《いっしょ》に暮らせるようになりました。帝王切開ですが出産に立ち会い、今では息子を溺愛《できあい》しています。私の産後の体も気遣《きづか》ってくれます。

産後5ヶ月が経《た》ち、私の体も回復してきたのでまた夫婦生活を再開したいと思うのですが、あの時のやりとりが心の中でわだかまりになり、なかなか一歩踏《ふ》み出して旦《だん》那《な》に伝えることができません。最近、様子を窺《うかが》うために抱きついてみたりキスしたりスキンシップを取ってみたのですが、ポンポンと頭を撫《な》でられたりしてなんとなくあしらわれてしまいました。なんだかとても虚しい気持ちになりました。

夫の義務感を感じずに、純粋に愛し合ってセックスを最後にしたのはいつだっけ？と思い出せないくらい遠い記憶です。男性の体の仕組みはよくわかりませんが、44歳という年齢から性欲がなくなってきてしまっているのでしょうか。それとも出産を経験した私を性の対象として見られなくなってしまったのでしょうか。

このままずっとセックスレスなのかと思うと寂しくてたまりません。それどころか女性としての自分の存在すら否定されているように感じて涙が出てきてしまいます。断られるのが怖くて自分から誘う勇気も出ません。

鴻上さん、男性の目線から、私がどのように夫に歩み寄れば良いのか教えて下さい。

すみれさん。苦しんでますね。先に言いますが、これは難問です。じつに難問です。この『ほがらか人生相談』の今まで答えた中で、一番の難問と言っても間違ってないと思います。

今回だけは、うまく答えられる自信がありません。でも、あえて取り上げたのは、『ほがらか人生相談』が、なるべく幅広く、いろんな種類の相談に答えたいと思ったからです。

でも、難問です。ものすごい難問です。

なぜか？　理由は二つあります。

ひとつは、性の問題は、本当に人それぞれだからです。

ネットをググると、「私はこうやってセックスレスを解消した」なんて体験談とか記事が溢《あふ》れています。

たいていは、「シチュエーションを変えてみた」「刺激的な下着をつけた」「スキンシップを増やした」なんてことです。

それで有効かどうかは、本当に一人一人、違います。

実際にすみれさんは、スキンシップを増やしてみたけれど、軽くあしらわれてしまったのですからね。

通常、僕はセックスに問題がある時は、とことん話し合うことを提案します。私達は、カップルや夫婦の間で、「好きな食べ物」「好きな映画」なんてことをたくさん話しても、「好きなセックス」を語ることはほとんどありません。

「好きなセックス」とは、「どんなふうに触ってほしいか」「どこを触ってほしいか」「どんなエッチがしたいか」「どんなエッチが嫌《いや》か」というようなことです。

例《たと》えば、食事に関してはたくさん語ります。「○○が苦手で、○○が好きで、こんな味付けが嫌で」といろいろ語ります。そして、お互いが満足できる一致点を探ります。そうやって、食事の面でお互いが幸せになろうとするのです。

でも、セックスに関しては、なかなか語りません。それでは、セックスの面で、お互いが幸せになる可能性が低いのです。

ところが、セックスレスの時だけは、「話し合うこと」がマイナスになることが多いのです。

それは、男も女も、「引け目を感じている」からです。

これは、一人一人違うセックスでも、一般化できることだと僕は思っています。そもそも、「一人一人違う」と言っているだけでは、何も解決しませんからね。

男は通常、セックスレスに対して「うしろめたい思い」を抱いているのです。「罪悪感」とまではいかない人も、「申し訳ない」とか「困ったことだ」という気持ちを、男達は持っています。セックスレスになる前に、ちゃんとした性愛《せいあい》期間があった場合は、ほぼ間違いなく、全員がそう感じているはずです。

すみれさんのご主人も、すみれさんに対して、間違いなく「申し訳ない」と内心、思っていると僕は思います。

それは、つまり、妻を愛しているという証拠です。愛しているから、申し訳ないと感じるのです。

「仕事とセックスは家庭に持ち込まない」と開き直るのは、セックスレスが何年も続き、それが日常になった時です。それでも、妻を愛しているという気持ちが続く人は多いです。

女性の場合は、セックスレスを夫に語る時、「私はもう女として見られてないのじゃないか」という深刻な表情になりがちです。

すみれさんが「女性としての自分の存在すら否定されているように感じて涙が出てきて」と書く状態です。

ですが、この感覚は、男性側からすると、「そんな深刻な意味じゃない」と戸惑《とまど》うのです。

男性が「女性として愛する」という行為の中には、精神的な部分と身体的な部分がありよす。

セックスレスになった男性は、精神的に妻を女性として愛していながら、肉体的には愛する気持ちが減ってしまっている、という場合が多いのです。すみれさんが「私の産後の体も気遣ってくれます」と書くのは、夫がすみれさんを愛している証拠です。精神的には、すみれさんをちゃんと愛《いと》おしいと思っているのです。

でも、身体的にどうしても愛することが難しくなります。繰《く》り返しますが、セックスだけが愛の証明ではないのです（セックスを求められることは、一番分かりやすい「愛されている」という実感です。でも、それは唯一《ゆいいつ》の愛の形ではないのです）。

こういう理由で、男も女も、セックスレスを話し合う時に、それぞれ深刻になりがちなのです。ですから、セックスレスの場合のみ、話し合えば話し合うほど、やっかいな状況になるという危険性があるのです。

さて、夫の性欲が減るのはもちろん理由があります。

一般化すると、男性側が原因のセックスレスは、子供が生まれた段階から始まることが多いです。

子供を産み、母となった妻を見ていると、「愛の対象」であっても「性の対象」として見られなくなるのです。

他にも、性欲が減る理由は、いくつかあります。

ひとつは、間違いなく日本の男性は仕事で疲れすぎていることです。

日本中の男性が、残業がいっさいなく、定時で帰る日々が続けば、やがて、セックスする元気を取り戻すはずです。

けれど、実際は、「セックスか睡眠か？」を考えて、多くの日本人男性は睡眠を取るのです。

二つ目の理由は、「愛情とは関係なく、性欲は減るもの」だからです。脳科学の研究と実験では、同じ相手とのセックスは、回数を重ねれば着実に減っていく傾向にあります。

誤解しないで下さいね。相手を愛おしいと思う気持ちはどんどん膨《ふく》らんでも、相手とセックスをしたいという性欲は減っていくのです。

三つ目の理由は、「かつてのセックスの記憶がじゃまをする」からです。

多くのカップルの場合、初期のセックスは盛り上がります。すみれさんの書く「夫の義務感を感じずに、純粋に愛し合ってセックス」ということです。

同じ相手と関係を続けていくと性欲は減ると書きましたが、年齢でももちろん減っていきます。44歳というのは、男性の性欲では、確実に下り坂の時期です。一方、すみれさんの29歳は、女性の性欲としては、ピークを迎える時期だと言われることもあります。

そういう時期にセックスをしようとした時、「あの時のようなセックスをしないといけないのか。それは、無理だ。面倒《めんどう》だ。できない」と、男は思いがちなのです。

それが、すみれさんが夫から言われた「（私の）機嫌を取るのに疲れる」という意味です。

夫は、すみれさんがどんなセックスを求めているか知っています。それは、昔と変わらない情熱的なセックスです。でも、それは、バリバリの性欲があったからできたのです。今、それがないのに、同じような情熱を求められると思うと、もう、セックスをする気持ちが失《う》せるのです。

だから、どうしたらいいんですか？と、すみれさんは聞きたいですよね。

残酷《ざんこく》な言い方ですが、すみれさんが、かつての情熱的なセックスを求めている限り、セックスレスは続くんじゃないかと僕は思います。夫は、すみれさんの気持ちを感じて、腰が引けて逃げると思うからです。

でも、キスやハグ、スキンシップだけでは満足できないのですよね。その気持ちも分かります。

一般的な対策は、「夫にちゃんと休暇を取ってもらう」「すみれさんが母と妻の顔をちゃんと使い分けて、おしゃれやスタイルに気をつかう」「子供をあずけて、二人で泊まりにいく」なんてことでしょう。すみません。当り前のアドバイスですね。

もうひとつ提案できるのは、「ショート・セックス」です。

かつての情熱的な濃厚なセックスではなく、簡単に短い時間でするセックスでいいと夫に提案するのです。

そんなセックスは嫌ですか？　でも、セックスレスよりはましだと思います。短くて、手軽なセックスから始めることで、少しずつ濃厚なセックスになるかもしれません。

大切なことは、いろんな提案をする時、絶対に、思い詰《つ》めた顔やつらい顔にならないことです。男も女も、共に「うしろめたさ」を感じていると書きました。「これでセックスレスが解消されないと私は女として愛されてないんだ」と思っていては、どんな提案も、夫はそれを敏感に感じて、ただの重荷《おもに》になってしまうのです。「キスやハグ、スキンシップでもそれなりに満足」ぐらいの気持ちで、提案して下さい。

うまくいくかもしれません。うまくいかないかもしれません。でも、それは、夫がすみれさんを精神的に愛してないということでは絶対にないんだ、ということだけは忘れないで下さいね。

夫はすみれさんのことを女性として見ています。ただ、身体的にうまくいかないだけなんです。

どうか、気軽な気持ちで提案してみて下さい。

相談6

母に同性愛者としての自分をカミングアウトしましたが、認めてもらえず落胆《らくたん》しています

39歳・女性　オードリー

鴻上さん、はじめまして。私は都内在住の39歳女性です。私は同性愛者で、現在7年お付き合いをしている同性パートナーと一緒《いっしょ》に暮らしています。私が家族に同性愛者だとカミングアウトしたのは10年ほど前です。

私に万が一の事があった時には、私には同性のパートナーがいて、そのパートナーにも連絡や説明をしてもらいたかったからです。

父からは「知っていたよ」という返答がありましたが、母は私が同性愛者だという事を受け入れられず、そこから連絡しても返事は来ず、顔も合わせてくれなくなりました。父に母の様子を伺《うかが》うと「時間がかかると思う」とのことでした。

それから8年ほど経《た》ち、父が食事の席をセッティングしてくれ、1時間くらいの短

い時間でしたがやっと母と会うことができました。私が同性愛者だという事には一切触《ふ》れずじまいでしたが、母に会えるようになったことは一歩前進！と前向きに考え、何よりも母に会えたことがとても嬉《うれ》しかったです。

ただ、あんなに拒絶していた私と会ってくれた母が実際どう思っているのか、こちらから聞くとまた関係を断《た》たれてしまうのではないかという恐怖心から、結局母の本心を聞くことはできませんでした。

その後はＬＩＮＥで少しずつですがメッセージのやりとりができるようになり、一度だけ、法事で母に会った時は別れ際に「また帰っておいでね」と言ってもらえ、私自身を認めてもらえたかもしれない、このまま昔のように親子関係を築いていけるかもしれない、と思っていました。

先日私は誕生日を迎え、母からおめでとうというメッセージが届きました。その中に「女の子が授《さず》かってとても嬉しかった。その子がお嫁に行ってくれるともっと嬉しい。いくつになっても適齢期《てきれい》だからね！」とあり、私は混乱と共に落胆しました。母は決して私が同性愛者だという事を受け入れてくれたわけではないんだ、と。母が望むような娘に私はなれなかったんだ、と。

いくら親でも子供のすべてを受け入れられるわけではないこと、世の中には色々な考え、価値観を持っている人がいること、〝同性愛者〟を受け入れがたい人がまだたくさんいること、そういったことは理解しているつもりです。

ただ、もう一度、母にきちんと同性愛者であることや、男性と結婚し家庭を持つことはできないことを伝えた方がいいのでしょうか。

私は母と仲良くしたいだけなのです。買い物に行ったり旅行をしたり、親孝行もしたいのです。

ただそれだけなのですが、やはり難しいのでしょうか。

オードリーさん。つらいですね。大切な母親に自分を認めてもらえないことは、本当につらく悲しいと思います。
僕は2015年に『ベター・ハーフ』という演劇作品を創《つく》りました。登場人物が4人だけの恋愛物語でした。その一人に、トランスジェンダーの女性を選びました。男の身体で生まれて、自分自身を女性だと認識している人です。
故郷でいじめられ、親にも受け入れられず、独《ひと》り、都会に出てきて、ホテルのラウンジでピアノを弾《ひ》いているという設定でした。

その役を、本当にトランスジェンダーの中村中《なかむらあたる》さんに演じてもらいました。もともと、NHKの『紅白歌合戦』にも出場した経験のあるシンガーソングライター、中村中さんと出会ったことが、『ベター・ハーフ』という作品を書いた動機の重要なひとつでした。

芝居《しばい》には、僕の知り合いのトランスジェンダーの女性も見に来ました。見終わった後、泣きながら僕に微笑《ほほえ》みました。芝居は、幸《さいわ》いにも好評で、2年後に再演が決まりました。

再演の時、その知り合いの女性は、御両親を連れて見に来ました。開演前にロビーで僕に御両親を紹介しながら、「この芝居を見てもらったら、話が早いと思ったの。いろんなことを分かってもらえると思って」と少し恥《は》ずかしそうに彼女は言いました。御両親は、彼女の横でぎこちなく黙っていました。

終演後、ロビーで会った彼女の御両親は、少し微笑みながら、僕に「ありがとうございました」と仰《おっしゃ》いました。御両親とも、目には泣いた跡《あと》がありました。

『ベター・ハーフ』は、若い男女と中年男性、そして、トランスジェンダーの女性が登場し、お互いを好きになったり、憎《にく》んだり、愛したり、戦ったり、絶望したりする話です。

4人の登場人物は、「あなたを理解したい」と熱望します。どんなにぶつかっても、絶望しても、裏切られても「あなたを理解したい」という願いを持ち続けます。

理解できなくても、理解したいと思うのです。いえ、理解できないからこそ、理解したいと願うのです。

僕は、涙の跡が残る彼女の御両親を見ながら、内心、「子供に誘われて見に来た御両親は偉《えら》いなあ。素敵《すてき》だなあ。なんとか子供を理解したいと思っているんだなあ。戸惑《とまど》いながら、ここまで来たんだなあ」と思っていました。

オードリーさん。『もっとほがらか人生相談』の相談22「日本の校則がこんなに厳しいのはどうしてですか？」で、僕は、世界は個人の自由や尊厳《そんげん》を認める方向に、より多様性を肯定《こうてい》する方向に間違いなく進んでいると書きました。

でもだからこそ、世界のあちこちでは、その変化に対して強く反発し、自分の今までの価値観をより頑固《がんこ》に守ろうとする人達が存在します。

自分が少数派になることを認められなくて、自分の価値観が崩れていくことに耐えられない人達です。

よく「大人になれ」と言われます。「大人になる」というのは、僕の考えだと、「他者となんとかやっていける人になること」です。

他者とは、「受け入れたいけど、受け入れられない」、同時に「受け入れなきゃいけないんだけど、受け入れたくない」という矛盾《むじゅん》した相手のことです。

息子だと思っていた子供が、ある日、自分は娘なんだとカミングアウトした時、僕の知り合いの御両親はこの状態になったかもしれません（勝手な想像ですが）。

「子供を理解したいけど、理解できない」、同時に「子供を理解しなきゃいけないんだけど、理解したくない」という揺《ゆ》れ動く心の状態です。

この状態は、どちらかに着地することは、なかなかありません。もちろん、「よし、受け入れよう。理解しよう」と、すっぱりと思えれば素敵ですが、人間の感情や思考は、そう簡単ではないでしょう。

頭で理解しても、心の片隅《かたすみ》に「でも、孫の顔は見たかった」という小さな願いがくすぶっていたりしますからね。

でも、理解したいのにできない相手と、なんとかやっていけるとしたら、それは、

「大人になった」ということだと僕は思っています。それは、別な言葉で言えば「成熟した」ということです。成熟した人間になるということは、理解しがたい相手と、とりあえず、なんとかやっていける能力を身につけた、ということです。

自分を殺して相手を丸ごと受け入れたり、完全に拒否したりしないで、中途半端《ちゅうとはんぱ》な関係のままで、相手とつながることができる能力のことです。

そもそも、外交とかビジネスなんてのは、この「大人としての交渉力」が求められるのです。

「子供」はその反対の状態です。理解できないことは理解しようとしない。理解したくないことは理解しない。ただ自分の意見を押しつける。対立したらそれまで。

オードリーさん。僕が何を言いたいか分かりますよね。残念ながら、あなたの母親は、歳《とし》を重ねても子供のままだということです。

母親が大人なら、心の片隅に「孫が欲しい」と思いながらも、一緒に買い物や旅行に行けるのです。淋《さび》しさと同時に、親孝行してもらえる喜びを感じることができるのです。でも、子供は、とにかく、0か100かしかないのです。

オードリーさんは、母親に比べて、ずっと大人です。100%、自分を受け入れてもらうことはあきらめている。もちろん、そうなったらとても幸せ。でも、そうはならないから、自分の願いは、「私は母と仲良くしたいだけなのです」と考える。とても素敵な大人の態度です。

でも、母親は違います。

カミングアウトから10年経っても、「いくつになっても適齢期だからね！」というLINEを送ってくるのは、悲しいことですが、とにかく現実から眼《め》をそらそうという宗教的信念さえ感じます。

たいていの相談の場合、僕は「とことん話し合うこと」を提案します。けれど、10年経っても、「適齢期」という言葉を使う母親とは、会話は成立しないんじゃないか、傷が深くなるだけなんじゃないかと心配してしまうのです。

子供がLGBTQ+だとカミングアウトしたり、分かった時、親の成熟度が試されます。

大人な親は、子供が大切だからこそ、LGBTQ+関係の本を読みまくったり、当事者に会ってみたり、映画・演劇などを見たりして、なんとか理解しようとします。

孫の問題や世間体《せけんてい》や親戚の言葉や、いろんな悩みや不安にさらされながらも、自分の子供を懸命に理解しようとします。

大人になれない未熟な親は、ただ自分の意見を押しつけ、子供が間違っていると主張し、「正常」と思われる道に進むことが子供のためなんだと主張し続けます。

10年間、オードリーさんの母親は何をしていたのだろうかと、僕は思います。

オードリーさん。残酷《ざんこく》な言い方ですが、母親が変わることは、かなり難しいのじゃないかと思います。

母親は優しくて、とても良い人だけど、子供なんだ、と腹をくくって、あきらめるしかないかもしれません。

オードリーさん。でも、父親は違いますよね。それが、希望だと僕は思います。

オードリーさんと同じ悩みを抱《かか》えていて、両親から拒否されている人は、日本ではまだ少なくないでしょう。

でも、オードリーさんの父親は、オードリーさんをなんとか理解してくれようとしているのです。

それはとても素敵なことです。

ひとつ、母親が変わる可能性があるとしたら、父親が母親に「ＬＧＢＴＱ＋をテーマにした映画や小説、演劇」を勧《すす》めてみる、という方法です。オードリーさんのアイデアだとは言わないで、ですよ。

僕の知り合いが御両親を『ベター・ハーフ』に連れてきたように。

いきなりレズビアンをテーマにした映画は反発が強いかもしれません。『ブロークバック・マウンテン』『トーチソング・トリロジー』などのゲイであることの差別や無理解をテーマにした名作映画や、『ボーイズ・ドント・クライ』『ミルク』などの実話を元にした映画を見れば、少しは母親は現実を理解しようと思うかもしれません。何が本当に子供のためなのか、考え始めるかもしれません。

でも、これも、母親が「娘を理解したい」と思っていなければ、効果はないと思います。嫌々《いやいや》見ても、反発を強めるだけでしょう。

オードリーさん。僕のアドバイスは、ですから、「あまり期待せず、父親と話してみる」ということです。父親に頼りすぎると、父親を追い詰《つ》め、苦しめることになってしまいます。

まず、父親と、「母は私のことをどれぐらい理解しようとしているのか?」を話し合ってみるのはどうでしょうか。

それから、母親と大人の関係を築くことをあきらめるか、なにかできることをやってみるのかを決めればいいと思います。

苦しい結論になるかもしれません。

でも、オードリーさんは、悩み、考える過程で、母親よりも先に大人になったのです。それは、間違いなく素敵なことだと僕は思います。

相談7

息子は愛せるのに、娘のことをどうしても愛せず、憎《にく》しみすら感じます

39歳・女性　母親失格

どうしても、娘を愛せません。15歳になる娘を、生まれた時から、愛せなくて苦しいです。何故《なぜ》だかわかりません。下の息子は産んだ瞬間から愛《いと》おしさが溢《あふ》れて、今もかわいくてたまらないのに、娘に対しては憎しみすら感じるほどです。産んだのだから義務は果たそうと、毎朝お弁当を作り、仕事から帰ってすぐに夕飯作りをし、洗濯ものをたたみます。けれど、娘の帰りが遅くなろうと、他の母親達のように迎えに行ってやろうというような気持ちにはなれません。彼女の全てに興味を持てません。娘に出来るだけ関わりたくなくて、中学から大学まで附属の私立に入れました。教育費を払うのは親の義務だと思うので払っています。

でも、この子さえいなければこのお金をもっと楽しい事に使えるのにと思うと苛立《いらだ》

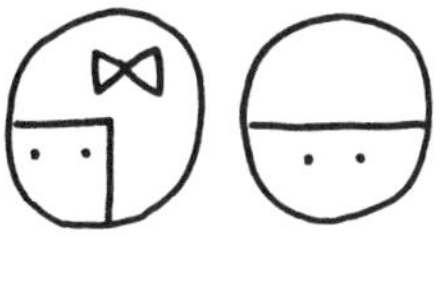

ちます。息子にはそのような感情は今のところありません。学校の事もそこそこきちんとやり、意欲をもって部活に取り組み、言えば手伝いもする娘です。けれど、だらしないです。でもこのくらいのだらしなさは許容範囲だと思うのに、何故か許せません。子供の頃から愛せなくて、でも周りにいい母親だと思われたくて一生懸命、演技していました。いつも周りの目を気にしていました。

息子の子育ては娘と違い、人の目が気になりません。自分でも何故なのかわかりません。彼女の嫌《いや》な所は全て私に似ていると思います。自己中心的な所、無駄《むだ》にプライドが高い所、周りを気にしながら騒ぐ所、見栄《みえ》っ張りな所。その全てに嫌悪《けんお》感を感じます。だからと言って自分が嫌いだとか、そういうわけではありません。ただただ、娘が嫌いです。娘を愛せたら、この子の子育てをもっと楽しめたら、もっと楽《らく》になるのに。人生が豊かになるのに。それをわかっているのに、どうしても彼女を受け入れる事が出来ません。

彼女も最近では私を憎みだしているように思います。ますます嫌になります。今は、早く大学を出て就職して家を出ていってもらいたい、それしかありません。息子に対する愛情の1割でも良い、娘に対して愛情を持ちたいです。罪悪感はあります。でも、もう遅いだろうなとも思います。毎日、毎日、彼女の顔を見るたびに早く出ていけと思ってしまうこの心をどうにかしたいです。人の話を聞くのが大嫌いでカウンセリング等も行きたくありません。大好きだった夫への愛情も冷《さ》めてくるほど娘への憎しみが私の心を支配してきているように感じます。

…………………

そうですか。母親失格さん。いや、すごい名前をつけましたね。これでは、呼びかけるたびに、レッテルを貼《は》っているようですね。それは嫌なので、「あなた」と呼びますね。

あなたは娘さんを愛せないんですね。そして、その理由が分からないんですね。

じつは、『ほがらか人生相談』では、母親からの「娘を愛せない」という相談はわりとあります。珍《めずら》しくないのです。

「息子を愛せない」という母親からの相談はまだ来ていません。相談は、今のところ、すべて、「娘を愛せない」というものです。

さて、あなたの相談で気になったのは、以下の部分です。

「彼女の嫌な所は全て私に似ていると思います。自己中心的な所、無駄にプライドが高い所、周りを気にしながら騒ぐ所、見栄っ張りな所」

じつに冷静な分析だと思います。娘さんと同時に自分をしっかりと見つめています。これらの特徴はネガティブなことなので、あなたが娘さんの性格に「その全てに嫌悪感を感じます」と書くのは当然だと思います。

でも、同じ特徴を持つ自分に対しては、あなたはこう書きます。「だからと言って自分が嫌いだとか、そういうわけではありません」

僕からすると、じつに不思議な流れです。自分と娘さんは同じ「嫌な」性格なのに、娘さんにだけ「嫌悪感を感じ」、同じ「嫌な」性格の自分は嫌いにならないと言うのです。

自分の性格を自分で「嫌な所」と書きながら、どうして、娘さんには「全てに嫌悪感」を感じ、自分は「嫌な」性格なのに平気なのでしょう。

考えられる理由としては、娘さんのことはもともと大嫌いだから「嫌な」性格に嫌悪感を持ち、自分のことは大好きだから、「嫌な」性格も気にならない、ということでしょうか。

でも、相談ネームを「母親失格」とするぐらい、あなたは自分で自分を責《せ》めていると僕は感じます。「嫌な性格をまったく気にしない、私は自分が大好きだ」とは思っていないと考えられるのです。

なのに、本当に「自分が嫌いだとか、そういうわけでは」ないと感じているのだとしたら、僕が考える理由はひとつです。

自分を嫌いになる代わりに、娘さんを嫌いになることで、「自分が嫌いという感情」を処理しているのではないかということです。

自分を嫌いになりたくないから、他人を責めて感情のバランスを取るという心理です。自分が不安な時、自分より弱い立場の人を責めて安心したり、誰かのミスを激しく責めたててネガティブな感情を発散させる心の動きです。

娘さんが生まれる前、あなたはあなたのことが好きでしたか？　それとも嫌いでしたか？　そんな意識はなかったですか？

息子さんに対して問題ないのは、異性なので、自分と同一視《どういつし》できないからじゃないかと僕は考えます。娘さんは、同性なので、自分を見るように感じてしまう。そして、あなたが自分を嫌いだからこそ、自分の分身である娘さんを嫌いになるんじゃないかと思うのです。

と、いうようなことをカウンセリングのように書いていますが、もちろん、当っているかどうかなんて分かりません。

じつは、もうひとつ、気になっていることがあります。そんなに長くない相談の文章の中に、あなたは三回も「何故だかわかりません」「何故か許せません」「自分でも何故なのかわかりません」と書いています。

自分で自分が分からないと繰《く》り返し主張しているのです。

自分で自分が分からなければ、他人の手を借りるしかありません。けれど、あなたは、「人の話を聞くのが大嫌いでカウンセリング等も行きたくありません」と、わざわざ書くのです。

僕には、「この箱の中には何が入ってるか、全然分からないんだ！　全く分からないんだ！　ちっとも分からないんだ！　でも、絶対にこの箱は開けるなよ！　絶対に開けないからな！」と叫《さけ》んでいる人のように見えます。中を知りたいという気持ちと、絶対に知りたくないという気持ちが、激しくぶつかっているように感じるのです。

でね、じつは、事態は、一刻も早く誰かに相談する時期に来ていると僕は思っています。

このままだと、事態はどんどん深刻になっていく可能性が高いです。

「彼女も最近では私を憎みだしているように思います」と書いていますが、事態がこじれると、とてもやっかいなことになります。娘さんとの関係が暴力的に壊れる可能性もあるし、それが息子さんや夫との関係さえも壊してしまう可能性もあります。脅《おど》しではないですよ。娘さんが肉体的に爆発したり、自分を傷つけたり、娘さんに対する態度を見て息子があなたに対して絶望したりと、可能性はたくさんあります。

15歳でも、全然、遅すぎることはありません。逆に、娘さんは15歳ですから、ちゃんと話せる年齢になりつつあります。3歳の娘に感じる憎悪《ぞうお》とは違うのです。

繰り返しますが、「娘を愛せない」という悩みは、珍しいものではありません。クリニックのカウンセリングや地域の子育て支援センターや児童相談所などに勇気を持って相談して下さい。

だって、一番、苦しいのはあなたじゃないですか。それは自分でも分かっているでしょう。でも自分だけでは解決できないのです。

「子供を愛さなければいけない」という強い義務感は、「私は私を愛さなければいけない」という強迫《きょうはく》観念とつながっていると僕は思っています。

そして、自分を愛せない人、親に愛されなかった人が特に「子供を愛さないといけない」という義務感に苦しめられると思っているのです。いえ、ひょっとしたら、他の理由かもしれません。それを確かめるのです。

まだ、間に合います。なにより、「人の話を聞くのが大嫌い」と書いているあなたが僕に相談したのです。

どうか、勇気を持って、相談に出かけて下さい。それが、あなたが少しでも楽になる唯一《ゆいいつ》の方法だと僕は思います。

相談8

勉強が嫌いで毎日ゲームやYouTubeばかり見ている娘の子育てに悩んでいます

46歳・女性　パンパン

鴻上さんこんにちは！

中学3年男子と小学3年女子の母です。育児について悩んでいます。うちの子たちはあまり勉強が得意ではなく、かと言って運動や芸術面に秀《ひい》でているわけでもない、ごくごく普通の子です。

上の息子は努力の割に報《むく》われないタイプで、学校の先生からの評価も低めですが素直な性格なのでコツコツ頑張っています。

対して下の娘はちょっと気難しくてやっかいです。外遊びが嫌いで毎日ゲーム、YouTubeばかり見ています。なにか興味を持って欲しいと思い、習い事やお出かけに誘ってみるものの興味を示しません。しかも努力が嫌いで、宿題の間違いを指摘すると怒りだして直すまでに一苦労です。唯一《ゆいいつ》好きなお絵かきも、「もう少し細かいところまで描いてみたら？」と言ってもめんどくさがるばかりです。

周りは幼稚園から公文《くもん》に通い、そろそろ中学受験を考えて塾探しをしている家庭も多いです。勉強が嫌いな娘（学校の成績は今のところ普通です）を無理やり机に向かわせても良くないと思い自由にさせていますが、そろそろ焦《あせ》りを感じています。しかし、嫌《いや》がる娘に根気よく付き合う覚悟もまだ持てません。

夢中になることもなく勉強も努力も嫌いな子とは、今後どのように接していけば良いでしょうか？

パンパンさん。相談、どうもありがとう。でも、僕は何が問題なのか、何度読んでもよく分からないのです。

パンパンさんは、子供時代、何かに夢中になって、勉強も努力も大好きでしたか？もし、自分がそうなら、その時のことを思い出せばいいと思います。そして、どうやって夢中になって、どうやって勉強が大好きになって、どうやって努力することが大好きになったかを、子供に教えればいいだけです。

と、書きながら、そんな子供は、あんまりいないと思います。いたら気持ち悪いです。小学校3年で勉強と努力が大好きなんて、年寄りみたいな顔した子供のはずです。

えっ？　自分は勉強も努力も嫌いだったけど、だからこそ、子供に勉強と努力をさせたい？

ムチャ言いますなあ。えっ？　だから、相談しているんだ？　どうやったら、何かに夢中になって、勉強と努力が好きな子供になれるんだ？　その方法はないのかって？

じつは、ひとつだけあります。

その秘密を教える前に、パンパンさんに質問です。

パンパンさんは、今、何に夢中になっていますか？

大人の勉強という意味では、月に何冊ぐらい本を読んでいますか？　得意分野はなんですか？　仕事を含めて、毎日、どんな努力をしていますか？

えっ？　私のことはいいんだって？　早く、秘密を教えろって？

いえいえ。これは、昔から言われている「子供は親の言うようにではなく、やっている通りのことをする」という事実の確認です。

本をまったく読まない親がいくら「本を読め！」と言ったって、子供は読むはずがないでしょう。パンパンさんも、子供時代、親がテレビを見て、アハアハ笑っているのに、「勉強しろ！」って言われたら、ムカッときませんでしたか？

子供が本を読むようになるのは、親が熱心に本を読んでいる姿を見せた場合だけです。本を読み、本からの知識や読書体験に感動している姿を子供が目撃することが、唯一、子供が「本、読んでみようかな」と思う動機です。

ですから、「勉強しよう」と子供が思うのは、親が熱心に勉強している姿を見た時だけです。

親にとっての勉強は、例《たと》えば毎日、新聞を丁寧《ていねい》に読んだり、ネットのポータルサイトで幅広くニュースをチェックして、世界を勉強することでしょうか。親が「ほお。イギリスがEUを離脱するのは、そういう理由なのか」と勉強している姿を見た場合のみ、子供は「知識を増やすということは、世界を理解するということか。なにより、物知りはかっこいい」と思うのです。

もちろん、他にもいろいろとあるでしょう。料理本を熱心に見て、新しい料理に挑戦するのも、英語を習い始めるのも、新しい資格を取るのも、趣味の世界に没頭《ぼっとう》し続けるのも、子供から見れば、「親の勉強」です。
つまりは、今ある状態から成長しようとする努力が勉強です。「子供は親の言うようにではなく、やっている通りのことをする」のですから、パンパンさんが、何かに夢中になって興奮したり幸せになったりする姿を見せ、勉強をして知識を深め、何かの努力をすることです。それが、子供に勉強させ、努力させ、何かに夢中にさせる確実な唯一の方法です。

簡単でしょう？

あ、それから、娘さんは「外遊びが嫌いで毎日ゲーム、YouTubeばかり見ています」という状態なんですよね。これは、パンパンさんの考える「夢中になって欲しい」対象ではないのですね。僕なんかは、「ちゃんと夢中になっているじゃないか」と思うんですけどね。

この状態を不安に感じる気持ちも分かりますが、それは、私達の子供の頃は、スマホがなかったからです。ですから、子供の風景として馴染《なじ》んでないだけとも言えるのです。

僕の子供の頃は、とにかく「マンガばっかり見ている」と怒られました。文句を言う大人達の世代では、まだマンガがポピュラーではなかったので、マンガに没頭する風景に馴染みがなかったのです。

「マンガばっかり読んでいたらバカになるぞ。ろくでもない人間になる」と言われました。僕は、毎日夢中になってマンガを読み続けましたが、別にバカにも不良にもなりませんでした（と思っています）。

なので、パンパンさん。心配しすぎずに、まず、自分が夢中になり、勉強し、努力することを見つけて下さい。それが、じつは一番、子供にとって有効なアドバイスになります。

間違っても、「もう少し細かいところまで描いてみたら？」なんて子供が求めてない余計なアドバイスはしないこと。求められるまで、自分を成長させながら、待ってみて下さい。

パンパンさんが成長することが、子育てでは一番大切なことだと、僕は思っています。

相談9

6年間、中高一貫《いっかん》男子校で過ごし、女子への接し方がわからないです

18歳・男性　ポンプ

鴻上さんこんにちは。18歳の高校3年生です。

僕は、推薦で大学も決まり、来たる4年間の大学生活に夢をふくらませているのですが、ひとつ非常に心配していることがあります。

大学生になったら、ぜひ彼女をつくりたいのですが、僕は6年間中高一貫の男子校で過ごし、ほとんど女子と接触せずにきたため、どう接していいかわからないのです。

サッカー部とかバスケット部のやつらは盛《さか》んに合コンをしていたようですが、僕は文化部でとくにイケメンでもなく、そういった活動にまったく縁がありませんでした（あえて告白しますが、童貞《どうてい》です）。

でも、大学生になったからには、モテたいし、彼女欲しい！　一番恐れているのは、

女の子慣れしていないことがばれてしまい、ダサいやつということになってしまうことです。

どうしたら、スマートな大学生になれますか。フリでもいいので、女の子に慣れている雰囲気を身につけたいです。訓練の仕方を、ぜひ教えてください。お願いします。

ポンプ君。入学おめでとう。期待に胸が膨《ふく》らみますね。彼女、できるといいですね。いやあ、『ほがらか人生相談』というタイトルに相応《ふさわ》しい相談が、久しぶりに来ました。たいていは、全然、ほがらかじゃない人生相談ですからね。
　さて、「どうしたら、スマートな大学生になれますか」という質問ですが、これを「どうしたら、野球がうまい大学生になれますか」に変えてみます。そして、「フリでもいいので、野球に慣れている雰囲気を身につけたいです。訓練の仕方を、ぜひ教えてください」としたら、ポンプ君はどう答えますか？
「それは無理でしょう！」と即答しませんか？
　もちろん、イチロー選手や大谷翔平《おおたにしょうへい》選手の打ち方を徹底的に真似《まね》するという方法はありますよ。モノマネ芸人さんがやる方法ですね。でもそれでバッター・ボックスに立っても、ヒットは打てないでしょう。すぐに、「あ、こいつ、野球、下手《へた》。形だけ」ってバレると思いますよ。

だって、試合は何時間も続くように、女性との会話は、うまくいけばいくほど長くなるんですから。フリでごまかせるわけがないのです。

では、どうするか？

野球がうまくなるためには、練習することですね。ヒットを打つためには、バッター・ボックスに何度も立つしかないのです。

女性とのコミュニケイションも、まったく同じです。女性慣れするには、女性と何度も話すしかありません。

年に一回しかバッター・ボックスに立たない人は、ただバッター・ボックスに立つだけでドキドキします。どんな球が飛んできて、どんな風に打つかなんて、冷静に考えられません。当り前ですね。それでヒットを打とうなんて思う方がムチャなんです。奇跡《きせき》は起こりません。

でも、毎日、バッター・ボックスに立っていると、ドキドキは減ってきます。バッター・ボックスに立つことが特別なことじゃなくなるからです。

ですから、ポンプ君は、大学に入ったら、とにかくバッター・ボックスに立つのです。

バッティング・センターに行ったことはありますか？　バッティング・センターでは、球の速度によって、バッター・ボックスが分かれています。

90キロとか100キロとか120キロとかです。

4月、大学のクラスでいきなり可愛《かわい》い女の子に話しかけるなんてのは、130キロぐらいのバッター・ボックスに立つことです。バットにボールが当たるわけがありません。そもそも、130キロは怖いです。

そういう時は、クラスでポンプ君と同じように「異性と会話することに不慣れな女性」がいるかどうかですね。

ポンプ君と同じで「6年間、女子校でした。男性とどう話していいか、まったく分かりません。でも、大学に入学したので男性と話したいです」なんて人がいるかもしれません。

でもまあ、通常は、クラスには3割打者が何人かいます。130キロの剛速球に慣れた男達が、ポンプ君が話しかける前にどんなボールもポンポン、かっ飛ばしてしまいます。

ですから、一般的なバッター・ボックスは、サークルかバイトですね。ここで、間違っても男しかいないサークルとか、男しかいないバイトを選ばないように。それは、青春の自殺行為です。

僕は大学時代、演劇のサークルに入って、そこで彼女を作りました。一緒《いっしょ》に演劇を作るということは、常に話すしかないわけで、舞い上がったり、ドキドキしている場合じゃなくなるのです。

大丈夫。文化系で、男女がなんとなく半数ずつ、なんてサークルは大学にはたくさんあります。その中で、ポンプ君が興味を持てそうなものに入るのです。

バイトだと、大きめの居酒屋とかレストランには、女性がそれなりにいるでしょう。

サークルやバイトは大切にしたい、そこでいきなり失敗して雰囲気を壊したくない、という場合は、マッチングアプリで、とにかく出会うという方法もあります。「旅の恥はかき捨て」という日本古来の情《なさ》けないことわざをかみしめて、デッド・ボールを何回受けようが、とにかくバッター・ボックスに立つのです。

女性と話す時、最初はもちろんドキドキします。でも、大切なことは、ドキドキを隠さないこと。隠そうとすると、人はよけい緊張してアガります。

女子慣れしてないことを堂々と認めること。そこから始めるのが、遠回りに見えて、じつは近道です。

「いやあ、僕、6年間、男子校だったんで、女性と話すとものすごくアガるんですよ」と、あっけらかんと言うことが重要です。こう言われると、女性の方も、事情が分かってホッとします。ただ、何も言わないで、鼻息荒《あら》くアガりまくっていると、「この人、ヘンタイ？」と誤解されるかもしれないのです。

大丈夫。毎日、少しずつバッター・ボックスに立っていたら、間違いなく、慣れてきます。慣れて球筋《たますじ》が見えるように、ちゃんと話せるようになります。

でね、ポンプ君。僕が一番、言いたいのは、「スマートな大学生」は、目標じゃなくて結果だということです。

何かを真剣にやることで、やがて、気がついたら、ポンプ君は、「スマートな大学生」になっている可能性があるのです。

「スマートな大学生」そのものを目標にするということは、「もてる大学生」そのものを目標にするということです。それを目標にすると、「チャラい大学生」になります。

社会人なら仕事ですね。仕事をちゃんとやっている人がもてます。もてようと思って必死な人がもてるのではありません。

ですから、ポンプ君。大学で、何か夢中になれるものを見つけて下さい。それは、サークルでもバイトでもゼミでも趣味でもなんでもいいと思います。そのことに真剣に打ち込めば、女の子と話すことにドキドキしている場合じゃなくなります。それぐらい本気で取り組めば、君はやがて「スマートな大学生」になるのです。

あ、繰《く》り返すけど、男しかいない環境はだめだぜ。それは、海で山の幸《さち》を探すようなものだ。立派なダイバーになれても、山の幸は手に入らない。どんな理由でもいいから、山に登ること。山で夢中になれることを始めること。

やがて、気がついたら、ほら、山の幸は君の手の中に。なんてね。

相談10

「人生どこから失敗したわけ？」という母の言葉に、自己嫌悪《けんお》に陥《おちい》ってしまいます

19歳・女性　おかぴ

いつも鴻上さんの人生相談を拝見させて頂いております。私の相談なのですが、私は今19歳で大学1年生です。去年の春入学したのですが、大学受験にことごとく失敗して、はっきり言って偏差値の低い女子大学に入りました。私も最初は希望校ではなく落ち込んでいたのですが、昔から何故《なぜ》かその場その場で適応して楽しくやっていってしまう性格のため、今は友達も出来て毎日楽しく通っています。しかし、本題は私の母なのですが、例《たと》えばママ友と会った後、ＴＶで大学受験の話が映った時など「あんたはなんでこんな学校になっちゃったんだろうね、人生どこから失敗したわけ？」と母に言われてしまいます。

また、私は中学受験もしているのですが、そこでも第一志望に落ち、中堅どころの

女子校に行っていました。なので大体「あんたの人生のピークは小学校6年くらいね、もう人生失敗したんだから、これから社会に出たらずっと地獄だよ。頭も悪くて容姿《ようし》も劣ってれば貰《もら》い手もないだろうから、天涯《てんがい》孤独ね、かわいそうな子ね」と決まり文句のように続きます。

私はその度《たび》に母の言ってる事が正論だし、確かに大学受験に失敗した、努力が足りなかったと、とても自己嫌悪に陥ってしまいます。前述したとおり、私はすぐに悔《くや》しい気持ちや後悔を忘れて学校生活その他を呑気《のんき》に楽しんでしまいます。ただ、母の言っている事が社会に出た後の現実だと重々承知しているので、最近何をしても頭がそれでいっぱいで母に申し訳なく、また色々な事が身に入らないような感覚に襲《おそ》われます。

今後人生の展望をもたずとも、私はどうしたら良いのでしょうか？　大変長文で申し訳ありませんがご教示願います。

おかぴさん。「私はどうしたら良いのでしょうか？」なんて、決まってるじゃないですか。こんな母親と一刻《いっこく》も早く、縁を切って離れることです。

あまりに母親の言動がひどいので「これはフィクションなんじゃないか」とまで僕は思いました。

母親の学歴はどうですか？　有名一流大学ですか？　もしそうなら、母親は鼻持ちならない最悪のエリートです。偏差値だけの勉強をして、人間の勉強をしなかった人です。

もし、偏差値の低い大学、または、高卒なら、母親は自分の人生が失敗だと思っていて、それを認めたくないから、おかぴさんを責《せ》めているのです。

おかぴさんは、素晴《すば》らしいです。「昔から何故かその場その場で適応して楽しくやっていってしまう性格のため、今は友達も出来て毎日楽しく通っています」というのは、人生を楽しく生きる極意《ごくい》です。

母親は、その逆です。過去を掘り返し、不可能なことにえんえんと文句を言い続けるのです。

「もう人生失敗したんだから、これから社会に出たらずっと地獄だよ。頭も悪くて容姿も劣ってれば貰い手もないだろうから、天涯孤独ね、かわいそうな子ね」なんて言葉は、人間が人間に言っていい言葉ではありません。

母親だという前に、人間として言ってはいけない言葉を話しているのです。でも、そういう毒親《どくおや》はいます。

毒親は母親という立場を利用して、子供を洗脳します。そうすると、おかぴさんのように「私はその度に母の言ってる事が正論だし」とか「母の言っている事が社会に出た後の現実だと重々承知している」なんて、間違ったことを刷《す》り込まれてしまうのです。

はっきり言いますが、母親の言ってることは、正論でも現実でもありません。

もし、同じ職場に母親とおかぴさんがいたとしたら、社会では、間違いなく、おかぴさんの方が成功するでしょう。

おかぴさんは、「すぐに悔しい気持ちや後悔を忘れて学校生活その他を呑気に楽しむことができる人です。これは生きる知恵です。職場でいろんなことがあっても、呑気に周りを明るくしながら生きていけるでしょう。でも、母親は、失敗した人をネチネチと責め続けるのです。こんな人は、どんな職場でも嫌われて、うまくはやっていけない人です。職場の上司としては、クビを切れるなら切りたいタイプの人なのです。

おかぴさん。

問題は、あなたが母親と具体的に縁を切れるかどうかです。そんなことがっ！と、あなたは驚いているでしょうが、自分の人生を生きるために、自分の人生を壊されたくないために、親と絶縁《ぜつえん》する人はいます。珍《めずら》しいことではありません。

この人生相談にも、毒親である母親に関する相談がたくさん来ます。中には、「縁を切った」と書いてある人もいます。でも、相談を読むと、「手紙にこう書いてあった」と母親から送られてきた手紙を読んで苦しむのです。

縁を切るということは、手紙も読まない、一切の情報を交換しないということです。今のあなたには、想像もできないことかもしれません。それぐらい、母親はあなたを洗脳しています。でも、20歳になるのなら、毒親を捨てる時が来ているのです。

おかぴさんは、今19歳ですから、独立するためには、経済的な問題が一番大きいと思います。でも、僕の相談をいつも読んでいてくれるのなら、以前、毒親に苦しむ相談者に対して「とにかく家を出る。友達とアパートをシェアしてもいいし、彼と住んでもいいし、なんらかの方法で家を出る」とアドバイスしたことを覚えているかもしれません。

母親に黙ってバイトをたくさんして、お金を貯《た》めてもいいでしょう。今は、授業に出ることより、いい成績を取ることより、とにかく、おかぴさんが母親と別れることが一番重要なことだと僕は思います。場合によっては、大学を休学してもいいと思います。

繰《く》り返します。

一刻も早く、母親と縁を切ること。母親がおかしいのです。おかぴさんにはなんの問題もありません。母親から逃げるんです。子供は、親と正面からぶつかってもなかなか、勝てません。そういう時は、逃げるのです。逃げることは卑怯《ひきょう》なことではありません。勇気ある行動です。

おかぴさんがおかぴさんであり続けるために、おかぴさんの人生を生きるために、逃げるんです。

中途《ちゅうと》半端《はんぱ》ではなく、徹底的に逃げて下さい。

相談11

夫の仕事の都合ではじまった海外生活がストレスで仕方ありません

42歳・女性　ちゅん

夫の仕事の都合で数年前から海外に住んでいますが、海外生活がストレスで仕方ありません。英語がさほど得意ではないこともあり、自分の言いたい事が相手に上手《うま》く伝えられないのが特にストレスです。日本だったらこんな苦労しなくて済むのに、といつも思っています。性格的に、海外生活に適応しづらいタイプなのだと思います。

知り合いの紹介で仕事はしているのですが、日本人がいない環境かつ、日本で自分がしていた仕事内容とは異なる為《ため》、なかなか思うようにいかず、それもまた苦痛です。せめて自分のキャリアに繋《つな》がるような仕事をと思い、それには英語力の向上がかかせない為、勉強はしているのですが、どうにも気分が落ち込み、やる気が出ません。夫はこちらでの仕事が軌道《きどう》に乗り、日本に帰国する意思はありません。自分は帰国した

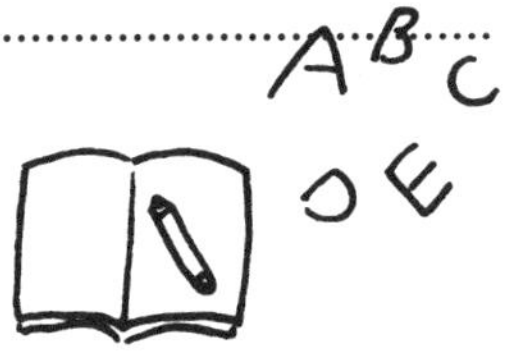

いと夫に相談するも、勝手にしたらというばかりで、子供もいるため私一人（もしくは子連れ）で帰国することは子供にも反対されています。
なんとか海外生活を前向きに捉《とら》えようとしているのですが、どうにも駄目《だめ》で、どういった心持ちで日々過ごせば良いのか……途方《とほう》に暮れています。鴻上さんに客観的な意見をいただけると大変有《あ》り難《がた》いです。宜《よろ》しくお願いします。

……………………………

ちゅんさん。大変ですね。自分の言いたいことを日本語で言えない苦労は、経験したことがない人にはなかなか分からないと思います。
僕も、ロンドンでの1年間は、英語に関しては本当につらく哀《かな》しい気持ちに何度もなりました。
ちゅんさんと僕の違いは、僕は自分の意志でロンドンに行ったということです。だから、早口の英語が分からなくても、自分の思いが言葉にならなくても、最終的には引き受けるしかありませんでした。
でも、ちゅんさんは違いますよね。ちゅんさんが書くように「夫の仕事の都合」で海外生活が始まったのですから、自分で希望して行ったわけではないのですから、海外生活に対して、腰が引けたり、億劫《おっくう》になったり、苦手になるのは、当然だと思います。

ちゅんさんは僕に「客観的な意見」を求めているので、なるべく客観的に話しますね。

ちゅんさんは、「性格的に、海外生活に適応しづらいタイプ」だとご自分のことを書いています。それは、どういう人のことでしょう。

話を少し変えて、世の中には「スポーツが得意なタイプ」と「スポーツが不得意なタイプ」がいますよね。それから、「スポーツが好きなタイプ」と「スポーツが嫌いなタイプ」も。

で、「スポーツが不得意なタイプ」がイコール全員「スポーツが嫌いなタイプ」ではないですよね？　この違い、分かりますか？　僕は「スポーツが好きなタイプ」ですが、じつは「スポーツは不得意なタイプ」です。鉄棒や跳《と》び箱は、不得意で嫌いですが、野球やサッカー、テニスは、好きですが得意ではないです。

「不得意なのに好き」というのは、みんなが自分と同じレベルで、高い技術を求められず、和気《わき》あいあいと楽しく活動するスポーツの現場で現れます。仲間とやる草野球や草バスケなんてのがそうですね。

さて、話は戻って、「性格的に、海外生活に適応しづらいタイプ」とは、性格的ですから、まずは「海外生活が嫌い」という人のことですよね。「性格的に、海外生活に適応できる人」は、「海外生活が好き」な人ですね。

でね、ちゅんさん。ちゅんさんはわざわざ「性格的」にと注釈をつけているのですが、では「技術的に、海外生活に適応できる人」とは、どういう人だと思いますか？

海外で生活していたら、すぐに分かるんじゃないでしょうか。それは、ちゅんさんが「英語がさほど得意ではない」と書くケースの反対の「英語が得意な人」ですよね。引っ込み思案《じあん》だろうが、消極的だろうが、非社交的でも、相手の英語が分かり、自分の意見を英語で言えれば、「技術的」に、海外で生活することは便利に、快適に、得意になります。

ですから、性格的に「海外生活が嫌い」でも、技術的に「海外生活が得意」という人もいるのです。英語がペラペラでも、海外生活が大嫌いという場合です。

で、スポーツの例で分類すれば、「海外生活に適応しづらいタイプ」なちゅんさんは、「海外生活は嫌い」で同時に「海外生活は不得意な」タイプということになりますね。

では、お子さんはどうですか？　ちゅんさんと同じように、父親の都合で連れて来られた海外生活を嫌悪《けんお》していますか？

どうやら、そうではなさそうですね。「帰国することは子供にも反対され」と書いていますから、お子さんは「海外生活が好き」なのだと思います。

でも、お子さんは初めから「海外生活は得意」でしたか？　今はもう英語がそれなりに話せるようになったのかもしれませんが、「海外生活が好き」だけど、「海外生活が不得意な」時期があったと思います（今でも、不得意かもしれません。でも、嫌いになってないということですね）。

さて、「英語が不得意」でも「海外生活が好き」なお子さんは、スポーツで言う草野球や草バスケの状態ですね。お子さんは、英語が不得意でも、そういう人間として学校で受け入れられたのでしょう。

もし、ここに鬼コーチがやってきて「その野球のレベルはなんだ!?　ふざけるな！」とやってしまったら、「野球が不得意」で「野球が嫌い」というレベルにすぐになってしまうでしょう。

ちゅんさんの場合は、鬼コーチはいないけれど、ずっと「なんで野球なんてやんなきゃいけないの」と思い続けているということですね。当然、野球に反発しますから、野球を好きになるわけはないですね。で、好きにならないから、練習をしない。やっても身が入らない。だから、上達しないから「野球が不得意」になる。この循環《じゅんかん》にはまっているんじゃないかと思います。

夫は「野球は仕事なんだ」と覚悟していて、子供は「野球をやってみるか。将来、有利かもしんないし」と興味を持っていて、ちゅんさんは「野球なんてしないで生きていける生活が日本にある。なのになんでやんなきゃいけないの」と思ってるということですね。

で、僕の「客観的意見」は、ちゅんさんが「独《ひと》りで日本に帰国する」という選択肢《せんたくし》を選ばない限り、腹を決めて英語と向き合うしかない、ということです。

英語はやってもやっても、ゴールがありません。忘れては覚え、覚えては忘れての繰《く》り返しです。お子さんのように若い脳は吸収が早いですが、大人の脳になると、嫌《いや》になるぐらい遅いです。

僕は今でも毎晩、英会話ネット授業を25分間受けています。海外に住むネイティブと25分間、その日の英語ニュースを選んで話すのです。

僕は今までロンドンで2回、イギリス人俳優を演出して、英訳した自分の芝居《しばい》を上演しました。その時、自分の英語力の貧《まず》しさを痛感しました。ですから、また海外で演出するために毎晩、やっています。それが、僕が英語を勉強する目的です。

ちゅんさんにも、ご自分で書かれるように「自分のキャリア」のために「英語力の向上」という目的があるじゃないですか。

自分がちゃんと納得できる目的があれば、英語の勉強は、半分終わったようなものです（あとの半分が長いのですが。わはははは）。

ちゅんさんも僕と同じように「英語は好き」だけど「不得意」という状況から、こつこつと長い長い英語の道を歩いてはどうでしょうか。英語が得意になれば、「海外生活は得意」になり、やがて、「海外生活が好き」になるかもしれません。

道はうんと長いですが、お互い、がんばりましょう。

相談12

人間関係の矛盾《むじゅん》に気づきすぎる小学校4年の娘が、しょっちゅう学校を休みます

48歳・女性　ぷにこ

小学校4年生10歳の娘のことで悩んでいます。娘は学校が嫌《いや》だといいだして、しょっちゅう休みます。休むことに関しては最初はわたしも驚いてショックを受けましたが、しんどいのだろうからと休みたい時に休ませて、家では楽しく過ごせるようにしてあげるとだんだん元気を取り戻し、謎《なぞ》の頭痛や腹痛、かんしゃくも治《おさ》まってきたので、これで行こうと決めて、悩んではいません。

しかし、気になるのは娘の鋭《するど》さです。学校に行きたくない原因については本人もはっきりわかってはいないようですが、たとえばこういうことをいいます。本人の気持ちを汲《く》み取ることなしに、やたらと元気に学校は楽しいよ！といってくる先生に対して、「野心がみえみえなんだよね」。他の生徒にたいして「なんでみんなは学校に平気

で行けるの?」」。自分が仕切りたがり、むやみにけんかをふっかける子に対して、「やたらと大声出せばいいと思ってるけど言ってる内容はからっぽ」。つまり鴻上さんが日頃おっしゃっている世間というもの、そして声の大きい人が世の中を窮屈《きゅうくつ》にしていることについてなんとなく気づきつつあり、もやもやとしているのではないかという気がするのです。以前の連載で、学校で闘う心ある先生や校則と闘う高校生の相談を読み、心を打たれましたが、小学生でこういうことに気づいてしまったこどもは大変だと思います。これからどうやってサポートしていくのがいいのか悩みます。

あなたのいうことは正しい、と言って伸ばしてあげたい気持ちもありますが、なにせ10歳なのでそのまま愚直《ぐちょく》に突き進んで世間につぶされたりする危険も高いですし、独善《どくぜん》的に自分が正しいと主張したり怒ったりすることを奨励《しょうれい》するのは少し違うなと思ったりします。厳しい社会情勢の中、なんとか自分で稼《かせ》いで生活していける大人になってほしい気持ちもあります。大人の自分でも、ああでもないこうでもないと試行錯《しこうさく》誤《ご》しながら日々やっていることを、どうやって伝えたらいいんでしょう? とりあえず毎日お話をうん、うんと聞いてあげて一緒《いっしょ》に悩む日々です。たぶん全国の小学校に同じようにひっそりと悩んだり、もやもやしたり学校に行けなくなったりしている子がたくさんいると思うので、代表のつもりで相談させていただきました。……

ぷにこさん。素晴《すば》らしいお嬢さんじゃないですか。最近、こういう状態を「落ちこぼれ」ではなく「ふきこぼれ」と呼ぶことを知りました。

サッカーの名監督・岡田武史《おかだたけし》さんが、通信制のN高《エヌこう》の理事さんの言葉について、先日（2019年11月22日）、朝日新聞のインタビューで紹介していました。

「そんな学校には、これからの子どもは行かなくなるでしょう。学校に行けない子が、本当に今の社会の落ちこぼれなのか。社会の方が、適応できていないんじゃないか。通信制のN高が人気だけど、その理事が言うには、そこに通う子どもは落ちこぼれではなく、優秀すぎたり何かに特化したりして自分の生き方を選択している、上からの『ふきこぼれ』だと」

「そんな学校」というのは、細かい規則に縛《しば》られて、生徒を押さえつけるようになっている現状の学校のことです。

意識が高いからこそ、鋭いからこそ、上から「ふきこぼれ」た子どもは、高校生だろうが小学生だろうが、います。年齢は関係ないのです。

イギリスBBCニュースが、学校の細かな規則が「不登校」の原因の代表的なひとつだと、去年報じました。じつは、みんな気づいているのです。そういう意味では、いい時代になってきたと思います。

さて、ぷにこさん。ぷにこさんは娘さんの「鋭さ」を気にして、「これからどうやってサポートしていくのがいいのか悩」んでいるんですよね。

でも、僕から見れば、今、ぷにこさんがやられていることは満点だと思います。ぷにこさんは、「あなたのいうことは正しい、と言って伸ばしてあげたい気持ち」もあるけれど「なにせ10歳なのでそのまま愚直に突き進んで世間につぶされたりする危険も高い」から、「独善的に自分が正しいと主張したり怒ったりすることを奨励するのは少し違うな」と思うんですよね。

その通りだと思います。お嬢さんの話を聞いて、「それはもっともだ」という場合と、「それは独善的だ」と感じることを、ちゃんと分けて伝えることは大切なことです。

もちろん、それが正しいことなのか間違ったことなのか、簡単には言えない場合もあるでしょう。その時は、「大人の自分でも、ああでもないこうでもないと試行錯誤しながら日々やっている」ということを伝えるのです。どうやって？　ぷにこさんの迷い、戸惑《とまど》い、ゆらぎを、そのまま伝えればいいのです。

母親だから、ちゃんとした意見を言わなければいけないとか、正しい意見を言わなければいけないとか、そんな必要はありません。

お嬢さんが闘っているのは、僕が1冊目の『ほがらか人生相談』相談2で書いた「日本という世間」そのものです。簡単に「正しい闘い方」とか「正しい結論」なんて出るわけないのです。

ぷにこさんが、お嬢さんに対してできる一番の教育は、今、ぷにこさんがやられている「毎日お話をうん、うんと聞いてあげて一緒に悩む」ことなのです。それでいいのです。「一緒に悩む」ということがどれほど素敵《すてき》なことか。上から押しつけるわけでも、命令するわけでもなく、難しいことは難しいと一緒に悩む。それが、最も大切なことなのです。

なぜなら、どんなに悩んでも、ぷにこさんの子どもに対する目的が明確だからです。

ぷにこさんの目的は、娘さんが「厳しい社会情勢の中、なんとか自分で稼いで生活していける大人になってほしい」ということですよね。この目的も素晴らしいです。

ぷにこさんは、学校に行けなくなった子どもを持つ親たちの「代表のつもり」で質問したと書いていますが、この目的じゃない人達もたくさんいます。

義理の両親とか親戚や隣近所《となりきんじょ》の目を意識してとか、親自身の世間体《せけんてい》を守るためだったりとか、親が信じている社会常識のために、不登校を嘆《なげ》いている親もいます。つまりは、子どもではなく、周りや自分を満足させることを最終の目的にしている親もいるのです。

でも、ぷにこさんは、不登校を悩みながら、最終目的は、「子どもを健康的に（それは経済的に、ということも含みます）自立させること」と、ちゃんと決めているのです。

この目的が明確でぶれない限り、どんなに悩んでも大丈夫だと、僕は思います。

もし、娘さんが「どうしても、学校に行きたくない。もう行かない」という、かなり鋭いレベルになった場合でも、全然、大丈夫です。

通信制のN高が人気のように、ぷにこさんの家庭の経済事情もありますが、比較的自由な私立小学校やフリー・スクール、海浜《かいひん》留学など、選択肢はたくさんあります。

僕は校庭から青い海が見える鳩間島《はとまじま》（沖縄・八重山《やえやま》諸島）の小学校で、都会から緊急避難してきた小学生を何人も見ました。

10歳から、学校の気持ち悪さに気づくのです。将来、実に楽しみなお嬢さんじゃないですか。

大きな気持ちで娘さんの「鋭さ」とつきあい、共にうんうんと試行錯誤しながら、成長していく姿を楽しむことをお勧《すす》めします。

追伸
僕が書いた『「空気」を読んでも従《したが》わない』（岩波ジュニア新書）はもう読まれましたか？　よろしければ、娘さんに勧めて下さい。10歳でも間違いなく、娘さんなら読めると思います。そして、何らかの生きていく勇気になると、手前味《み》噌《そ》ですが思っています。

相談13

職場で自分にだけ冷たい態度をとる先輩との共同作業に、毎日しんどいです

31歳・女性　担々麺

自分にだけ冷たい態度をとる先輩に悩んでいます。職場で自分にだけ素《そ》っ気《け》なく、2人きりだと挨拶《あいさつ》をしても返してくれない先輩がいます。素っ気ないのは自分の気のせいかとも思ったのですが、他の人と話してる時は声のトーンが高く笑顔なのに私には低い声で下に見るような態度です。その人に振り回されないように仕事を覚えようと努力していますが、冷たい態度をとられるとやはり嫌な気持ちになります。気にしないようにしても先輩が明るい調子で話しているのを聞くと、「人によって態度変えるなよ」と思ってしまい、こんな事を思う自分にも嫌気《いやけ》がさします。その先輩以外の方は普通に接してくれるので何とかやれていますが、2人で共同作業をする事もあり毎日しんどいです。

他の方に相談しようとも思いましたが、先輩はおっとりと優しいという印象があり、私の気のせいで済まされるのではと考え、誰にも話せていません。やっと見つけた仕事なので辞《や》める事は考えていません。どこにいっても人間関係で悩む事はあるだろうし、このまま逃げるのも嫌だし、でも……と毎日思い悩んでいます。私はどう状況を良くしたらいいのでしょうか。

………………………………

担々麺さん。苦労していますね。しかし、なぜ、名前が担々麺？　担々麺が好きなんですかね。

ともあれ、職場の最大の苦労は、上司との関係です。上司運が悪い仕事は、最低の仕事になりますね。

担々麺さんの先輩は、「好き嫌いが激しい人」なのかもしれません。残念ながら、担々麺さんのことを好きじゃないということですね。

そういう大人の人は、残念ながらいます。職場で、大人として振る舞わないといけないのに、子供のままの人です。

ですから、担々麺さんが、「『人によって態度変えるなよ』と思ってしまい、こんな事を思う自分にも嫌気がさします」なんて、気に病《や》むことはないのです。人によって態度を変える方がおかしいのです。

とは言え、先輩が悪い、子供だ、と言っているだけでは何も解決しませんね。弱い立場の担々麺さんが、仕事をやめないで、この状況をなんとかするためには、かなりしたたかに、周到《しゅうとう》に作戦を練《ね》る必要があると思います。

まず、先輩はいつから担々麺さんに冷淡ですか？　初めからですか？　もし途中からなら、なんらかの原因があったと考えられます。

途中からなら、その原因を考えましょう。仕事を失敗したからか、不用意な一言を言ったからか、ぞんざいな態度を取ったからか。

必死になって思い出しましょう。必要なら、同僚に「私、〇〇先輩に嫌われているような気がするんだけど、なにかしたかなあ？」と、素朴《そぼく》なふりをして聞いてみましょう。思いもかけない情報を同僚はくれるかもしれません。

冷淡じゃない時期があったのなら、直接、先輩に聞くという方法もあります。「私の何が悪いのでしょうか？」とか「私の何が気に入らないのでしょうか？」と思い切ってぶつかるのです。ドキドキして怖いですが、最初は友好な関係だったのなら、やる意味はあります。

その原因が分かれば、対応も考えられます。

その時のことを菓子折り持って謝《あやま》るとか、食事をおごるとか、深く反省する態度を見せるとか、いろいろとあるでしょう。

もし、初めから冷淡だったのなら、先輩は「担々麺さんが生理的に嫌い」ということになります。「好き嫌いだけで生きている立派な（？）子供」ですね。この場合は、相手は子供ですから、言葉は通じないと考えた方がいいですね。

担々麺さんがすることは、まず「冷淡な態度を取っているのは私だけか」を確認することです。「好き嫌い」が激しい人は、たった一人を嫌うんじゃなくて、何人も嫌っている可能性がありますからね。

二人きりになったら急に冷淡な態度を取る人が、担々麺さん以外にいるかどうかリサーチするのです。

先輩が、他の人と二人きりでいる現場を目撃しましょう。盗み見ましょう。もし、担々麺さんと同じような目にあっている人がいたら、その人は担々麺さんと共に闘う同志になります。

いてもいなくても、次にするのは、「先輩から、どんな風に冷淡に扱われたか」を正確にメモすることです。

この状況は、どう転んでも、担々麺さん独《ひと》りではどうなるものでもありません。先輩には上司がいますか？　同僚や先輩の上司とちゃんと話すためには、「先輩が正確に何を言ったか？　何をしたか？」が必要なのです。

ただ「冷淡な態度だ」だけでは、相談をされた方も答えようがないでしょう。先輩が周りから、「おっとりと優しい」と思われているからこそ、「こんなことを言われた」「こんなことをされた」ということを具体的にメモするのです。

そして、担々麺さんの言う「冷たい態度」を明確にするのです。

それは、パワハラに分類されることなのか。あいさつを返さないだけではなく、担々麺さんを侮辱《ぶじょく》するようなことを言うのか。

それとも、仕事に差し支《つか》える「冷たい態度」なのか。

「共同作業をする事もあり毎日しんどい」と担々麺さんは書いていますが、しんどさの正確な内容を周りに説明する必要があるのです。

「2人で共同作業」をする時、先輩は、冷淡だけども、必要な情報をちゃんと担々麺さんに示していますか？　それとも、冷たい態度で、必要な指示や情報をくれませんか？　それが「しんどさ」の原因ですか？

足らない指示や情報をもらおうとすると、不機嫌《ふきげん》な態度になりますか？　それが「しんどさ」の原因ですか？　全部の情報を先輩が自分だけで抱《かか》えて、担々麺さんには何も教えてくれませんか？　それが「しんどさ」ですか？

もし、冷淡だけれども、必要な指示や情報を先輩が与えているのなら、先輩の上司は、担々麺さんが相談しても先輩の態度を問題にしにくいでしょう。

「戦場で、ニコリともしないで指示を出し続ける厳しい伍長《ごちょう》」なんてことです。担々麺さんには気の毒ですが、我慢《がまん》してやって欲しいと言われる可能性があります。

ただ「あいさつを返してくれない」だけでは、パワハラとは思われないでしょう。

でも、もし、担々麺さんを激しく傷つける言葉を言っていたら、それは問題です。

また仕事では冷淡すぎて、必要な情報や指示をもらえない場合も、問題です。

その場合は、先輩の上司も相談を聞く必要が生まれます。

まずは、心許せる同僚がいたら、「こんなふうに仕事上の困難があるんだけど」と具体的に話します。もし、そこで有意義なアドバイスが得られたらラッキーですが、なかなか、ないでしょう。気持ちは楽になっても、戦術的にどう先輩と対応したらいいかを教えてくれる同僚はなかなかいないと思います。

先輩の上司は、「人間関係がしんどい」とだけ言う場合は、「うまくやってくれ」とか「我慢してくれ」と担々麺さんをなだめるでしょう。

でも、「仕事が進まない」「業務に支障《ししょう》が出ている」という場合は、真剣に相談にのらざるを得なくなります。共に、先輩から嫌われている同志がいたら、「私もそうです」と参加してもらい、闘いを有利に進めましょう。

その場合、担々麺さんの目的は、「先輩と仲良くなりたい」ではなく、「仕事に必要な情報と指示をスムーズに、ストレスなく受け取りたい」ということです。好き嫌いの激しい子供の先輩と、仲良くすることはまず無理でしょう。

そうではなく、「仕事がちゃんとできる」状態を求めるのです。

先輩の上司から、「仕事に必要な指示や情報を与えるように」という指示を引き出すために相談するのです。先輩と和解したり、仲良くするためではありません。

上司の指示がうまく効《き》いて、必要な情報や指示を得ても、ムスッとした先輩と二人きりですから、ストレスはたまるでしょう。

でも、「先輩と仲良くなる」「楽しく仕事をする」ということを初めからあきらめれば、少しはストレスは減るでしょう。

そうしながら、働きます。目的は、決まっています。担々麺さんが自分で書いているように、先輩に「振り回されない」で、「仕事を覚え」るためです。

先輩の補助の立場から、自分で仕事ができるようになれば、先輩の冷淡な態度に接する時間が少なくなるはずです。または、自分で仕事ができますから、先輩の冷淡な態度が以前ほどには、気にならなくなります。

もし、先輩に上司がいなければ、闘いはより苦しいものになります。それでも、ムッとしている先輩に「必要な指示と情報」を求め続けます。

苦しい闘いを続けながら、目的は同じです。先輩の補助的立場ではなく、自分でちゃんと仕事ができる存在になることが、ストレスを減らす道なのです。

冷淡な先輩と二人っきりで、指示と情報をもらいながら仕事をするのは、「最悪の平和」です。それでも、堪忍袋《かんにんぶくろ》の緒《お》が切れて先輩と殴り合ったり、罵《ののし》り合ったりする「最善の戦争」よりましです。

「最悪の平和も最善の戦争にまさる」。内村鑑三《うちむらかんぞう》の名言です。

したたかに、周到に作戦を練りながら、担々麺さんが一刻《いっこく》も早く仕事を覚えて、苦しい状態から抜け出せることを祈ります。

相談14

娘に何かを伝えるときに、自分の考えがないことに気付きました

36歳・女性　ミドリ

こんにちは。いつも鴻上さんのお話を興味深く拝見いたしております。私は今2歳の娘の母です。私自身は両親から厳しく育てられました。幼い頃から何かしては、ダメ！　ダメ！と言われた記憶ばかり残っています。

そして「なんでダメなの？」と聞いたときに、「そんなことをしたら人に笑われる」「普通はそんなことはしない」などと言われ、納得のいかない気持ちになっていました。

そのせいか、今娘に何かを伝えるときに、自分の考えがないことに気付きました。娘に自信を持って「こういうときはこうするんだよ」と伝えられないのです。一つ一つの事柄を自分なりに考えて娘に伝えているのですが、やはり不安な気持ちが娘にも

伝わっている気がします。

鴻上さん、大人になったときに自分が空《から》っぽだと気付いたときには、どうやって自分をつくっていけばいいのでしょうか。どうぞよろしくお願いいたします。

ミドリさん。「自分が空っぽだと気付いて」落ち込んでますか？

全然、そんな必要はないですよ。それどころか、「自分が空っぽだと気付く」ことは、とても素晴《すば》らしいことだと僕は思っています。

だって、「空っぽだと気付く」からこそ、いろんなものを入れようと思えるんじゃないですか。

ミドリさんの親御《おやご》さんは、僕がよく言う「世間」というものに従《したが》っていたんですね。

「そんなことをしたら人に笑われる」とか「普通はそんなことはしない」というのは、「世間」に対して恥《は》ずかしいことをしたくない、「世間」に後ろ指をさされたくない、「世間」を怒らせたくない、と思っている人がよく使う言葉です。

（「世間」というのは、自分に関係のある人達、例《たと》えば会社とか学校、ママ友、隣近所《となりきんじょ》などの人々です。反対語は「社会」で、自分とは直接関係のない人達、同じ電車に

乗っている人、道ですれ違う人などです）

この連載で何回か書いたように、そして、『「空気」を読んでも従わない』（岩波ジュニア新書）と『「空気」と「世間」』（講談社現代新書）にも書いたように、「世間」がちゃんと機能していた時代」には、それが正解でした。

（始まりがいつか断定的なことは言えませんが、江戸時代にピークを迎えた）「世間」に従っている限りは、「世間」は結婚相手の世話から労働の分担《ぶんたん》まで、ちゃんと面倒《めんどう》を見てくれました。

人々の心の中には、「世間」がどーんとありましたから、決して、自分のことを「空っぽ」だと感じることはありませんでした。まさに、心の中に神がいる「一神教《いっしんきょう》」と同じ状態だったのです。

ですが、明治以降、ゆっくりと世間は壊れてきました（その理由は、よかったら前述した本を読んで下さい）。

昭和の後半に特に激しく壊れましたが、令和の時代にも、中途半端《ちゅうとはんぱ》な形で残っています。

一般的には、ミドリさんの時代の方が、ミドリさんの親の時代よりももっと壊れています。

ミドリさんが「そんなことをしたら笑われる」という「世間」の基準に納得しないのは、この理由です。

「世間」が強く残っている田舎《いなか》では、まだ、自分の真ん中に「世間」を置こうとする人がそれなりにいますが、中途半端に壊れているので、大変だと思います（若者から「どうしてそんなことするの？」と聞かれても、昔は、「この村のしきたりだ！」ですんだのが、「なんでそんなのがしきたりなの!?」と言い返されたりするわけです）。

で、日本人の行動指標《しひょう》だった「世間」に頼れなくなった今、代わりの行動基準を探そうとするのは、きわめて当り前のことです。というより、ますます、その必要性や切迫性《せっぱくせい》が高まっていると言った方がいいと思います。

ミドリさんのもうひとつ素晴らしい点は、子供に伝えるためには、まず自分が何を基準にしたらいいのか分からないといけないと気付いたことです。

少年サッカーとかの監督に例《たと》えると分かりやすいでしょうか。未来のサッカー選手を育てるためには、「自分はどんなサッカーを理想とするのか」ということが分かってないと無理ですよね。「攻めるサッカー」「走るサッカー」「コンビネーションのサッカー」、いろいろあるでしょうが、監督としては、「自分なりの理想のサッカー」があって初めて、選手にどうして欲しいか伝えることができるわけです。

ここで監督が「私の理想は人に笑われないサッカーだ」とか「普通にやるサッカーを目指そう」とか言ったら、選手は唖然《あぜん》として、混乱するでしょうね。

ああ、子育てでもうひとつ多いのは、「人に迷惑をかけない」ですね。「とにかく、人に迷惑をかけないサッカーをしよう。それが理想だ」と言われたら、選手はたぶん、萎縮《いしゅく》してどうしていいか分からなくなるんじゃないでしょうか。

さて、前置きが長くなりました。なぜ、こんなに長く話したかというと、繰《く》り返しますが「自分が空っぽだと気付くことは素晴らしい」ことだからです。

これで、「自分をつくっていく」というミドリさんの目的の半分は達成しています。本当です。「タイトルが決まれば、作品は半分書けたようなものだ」と昔、井上《いのうえ》ひさしさんが言いました（笑）。一番大切なことが明確になったら、本当に半分はできたも同然なのです。

「自分が空っぽだと気付いた」ら、空っぽの中にいろいろと入れればいいだけなのです。

やっぱり少年サッカーの監督の例で説明すれば、「理想のサッカー」にたどり着くためには、たくさんのサッカーを見て、知って、経験して、考えるだけです。

その中で、「自分にとっては何が理想なのか」を焦《あせ》らずつかみ取るのです。多くのサッカーに接すればするほど、「自分なりの理想のサッカー」が見つけやすくなると思います。

で、何を入れればいいかということですよね。ひとつ、大切なことがあります。

先日、僕はブレイディみかこさんと対談しました。ブレイディさんの書いた『ぼくはイエローでホワイトで、ちょっとブルー』（新潮社）は、お読みになりましたか？

日本以上に格差社会で貧富《ひんぷ》の差が激しく、移民と人種問題によって日常的に激しい差別といじめが生まれているイギリスという国で、ブレイディさんと中学1年生の息子さんが「どう生きればいいのか？」を試行錯誤《しこうさくご》した記録です。

世界は間違いなく多様化に向かっています。良い面で言えば、個々人《ここじん》の人権と社会的権利、自由と尊厳《そんげん》を尊重しようという流れです。ＬＧＢＴＱ＋も同性婚も夫婦別姓《べっせい》も多様性のひとつの現れです。

けれど、多様化するということは、もめるということです。

昔、飲み屋に行けば、「とりあえずビールね」と誰かが言い、すぐに乾杯が始まりました。今、飲み屋に行くと、「生ビールの人?」「あ、私、カシスオレンジ」「ハイボール」「梅サワー」と各人がそれぞれに言います。演劇の稽古《けいこ》の後、大人数で行けば、飲み始めるまでに5分や10分かかることも珍《めずら》しくないです。

一度、年配の俳優が「めんどくせえなあ! 全員、ビールでいいじゃないか!」と叫《さけ》んだことがありました。「いやいや、飲みたいものを飲もうよ」と別の俳優が言って場をおさめました。

飲みたくもなかったビールを飲んでいた時代からすれば、各人が飲みたいものが飲めるようになったのは進歩だと僕は思っています。これもまた、小さなことですが「ひとつの多様性」が認められた事例だと言えます。ただし、多様性は時間がかかるし、もめるのです。けれど、それを引き受けるしかないのです。

僕はブレイディさんの本を読みながら、「これは、日本の未来ではなかろうか」と思っていました。移民を含めて、日本も好むと好まざるとにかかわらずますます多様化していきます。その時「中途半端に壊れた世間」という基準だけで生き延びていけるわけがないのです。

でもね、ミドリさん。ブレイディさんの本に、「正解」が書かれているわけではないのです。息子さんと夫とブレイディさんは、「どうしたらよりよく生きていけるのか？」「どうしたら差別することなく、憎《にく》むことなく生きることができるか？」という試行錯誤を続けるだけです。でも、その試行錯誤が、ものすごく参考になるし、勇気をもらうことになるのです。

ですから、ミドリさん。空っぽの中に入れるものに、たったひとつの「正解」はないと思って下さい。

逆に、「これが正解だ。これだけを入れておけばいい」という、あまりにも分かりやすいものには気をつけた方がいいと思います。

この複雑化した世界の中で、「簡単に答えを教えてくれるもの」「ものすごく分かりやすく世界を説明してくれるもの」「世界を単純に敵と味方に分けてくれるもの」は、信用しない方がいいだろうと僕は思っています。

子育ては大変だと思いますが、少しずつ少しずつ、サッカーの監督がサッカーを知るように、「いろんな人の心の真ん中にあるもの」「いろんな人の人生の考え方」を知っていくのがいいんじゃないかと思います。

まずは、ミドリさんの周りで尊敬できる人はいますか？「この人の生き方が素敵《すてき》」とか「この人の物の見方にハッとする」なんて人です。そういう人がいれば、その人と深く話すのはもちろんですが、お薦《すす》めの本を聞いて下さい。

今は「子育てに役に立った本」とか「母親になるという人生を考えた本」なんかが、ミドリさんは読みやすいかもしれません。

古典的なアドバイスですが、やはり、一番、心の栄養になり、自分をつくってくれるものは「読書」です。

演劇をやっている僕が言うのもなんですが、演劇や映画を100本見るよりも、本を100冊読む方が人生は深く豊かに、そして考えるようになります。

それは、演劇や映画、動画は、受け身でも見られるからです。でも、読書は、受け身では進みません。ボーッとした状態でもテレビは見られますが、ボーッとした状態では読書はできません。何ページか何行か進んだ後に「あれ、何書いてあったっけ……」と戻らないといけなくなるのです。

読書が一番、集中力を要求します。深く思考することを求めるのです。

一人、「ほお。この人の人生の見方は素敵だ」とか「この作家の考え方はすごく納得できる」という人を見つけて下さい。そこから、「自分をつくる」ことが始まります。

　繰り返しますが、「たったひとつの正解」というものは、人生にはないです。一人の作家の言うことに感動しても、やがて、別の人の意見に納得するかもしれません。それでいいのです。そうやって試行錯誤しながら、焦らず、ゆっくりと自分をつくり上げて下さい。もちろん、ゴールもありません。人生が終わるまで、試行錯誤は続きます。

　子育ては、「子供を守り育てることではなくて、子供を健康的に自立させることだ」と、以前この連載で書きました。「自分をつくること」もまた、自分自身を「健康的に自立させる」ことです。それには、終わりはないのです。

　でも、「自分をつくる」旅です。
ワクワクすることは間違いないと思いますよ。

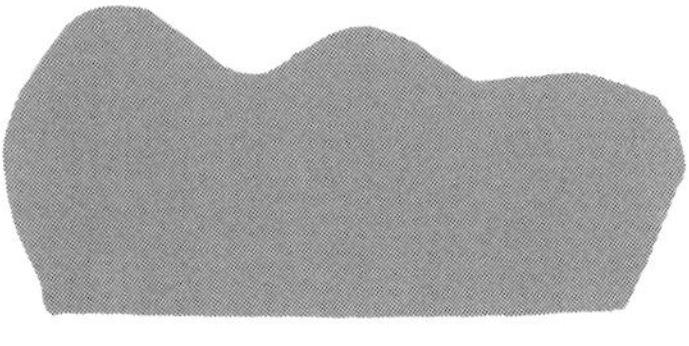

相談15

大人になって「説明が足りない」と咎《とが》められます。「言い訳」と「説明」の違いってなんですか？

26歳・女性　アネモネ

鴻上さん、こんにちは。

鴻上さんに相談したいのは「言い訳」と「説明」の違いについてです。

私は子供の頃から母に「言い訳をするな」「言い訳ばかりすると信用されない大人になる」としつけられ、口ごたえをするたびに怒られてきました。たとえば、門限《もんげん》を破ったとき、お友達がケガをしたから家に送ったことが理由でそれを言おうとしても、「言い訳をするなら家に帰ってこなくていい」と外に出されてしまったこともあります。

でも大人になるにつれて、今度は「説明が足りない」と周囲から咎められるようになることが多くなって、混乱しています。

大学生のとき、友人たちとの待ち合わせに、地元のバスの遅延《ちえん》で遅れて、謝罪したのですが、後で私の家が交通の便が悪いことを知った友人から「なんでそれを言わないの？」と、かえって責《せ》められるとか、他にもいろんな場面で「説明が足りない」「理由は？」「何考えているかわからない」と責められることが多くなってきました。

ディベートの授業はとくに苦手で、チームを組んだ人に「何を主張したいのかわからないよ、理由を言って」と苛《いら》つかれるばかりなので、本当に地獄でした。

先日は彼氏にも、「どうして、なにも教えてくれないの？」「俺ってそんなに頼りない？」とまで言われてしまい、そんなつもりないのにと落ち込んでいます。

そうかといって、理不尽《りふじん》な仕事と残業を先輩に押し付けられたとき、私としては思い切って、期限に終わらなかったことを上司に説明しようとしたら、「言い訳より成果がほしい」と遮《さえぎ》られ、やっぱり弁解なんかしなければよかったと後悔しました。

もう、責められるくらいならやっぱり母の言うとおり、「言い訳」をしないほうがいいのかと思います。なんか、ずっと、こんなことばかり繰《く》り返して、疲れてきました。

鴻上さん、「言い訳」と「説明」の違いってなんですか？

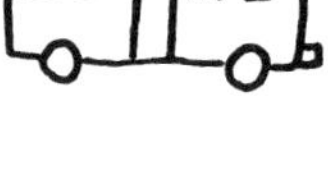

アネモネさん。苦労してますね。「言い訳」と「説明」の違いですか。僕の考えを言いますね。

「言い訳」と「説明」の違いはない。ただ、それを聞く人が決める、です。

驚きましたか？

本当は、「理屈が通らないのが言い訳」「理屈が通るのが説明」なんて言いたいのですが、残念ながら世の中には、理屈が通らない人がいます。

例《たと》えば、残念ながらアネモネさんのお母さんです。

「お友達がケガをしたから家に送った」ら遅れる。当り前のことですね。ケガをした友達を放っていくわけにはいきませんからね。だから、遅れて門限を結果的に破ってしまった。いえ、破ったという言い方は適切じゃないですね。「ケガをした友達を送っていったから、門限に遅れた」ということですね。もう一度言いますが、当り前のことですね。

でも、アネモネさんのお母さんは、何があろうが門限を破ったことが許せないわけですね。ここに理屈はないですね（アネモネさんが嘘《うそ》をついていると思って、怒っていたら話は別ですが、そうではないでしょう？）。

アネモネさんのお母さんは働いていますか？　または、働いた経験がありますか？

「言い訳ばかりすると信用されない大人になる」という言い方は、道徳的に正しいように響きますが、仕事の現場では通じない言い方です。

なぜなら、仕事ではいろんな無理が飛んでくるからです。過労死《かろうし》するレベルのノルマを押しつけられた企業の従業員達は、死にたくないから絶対に「言い訳ばかりすると信用されない大人になる」なんてことは思いません。無理なことは無理ですと説明しないと、過労死の列に加わってしまうと分かっているからです。

ただムチャな上司は、「言い訳をするな！」と言いがちです。なぜなら、そもそも、ノルマがムチャだから、相手の説明をちゃんと聞いていると、仕事の枠組《わくぐ》み自体が成立しないことがバレてしまうからです。

「間に合うはずのない期限」「売れるはずのない量」「取れるはずのない契約数」「できるはずのないシフト」。これらをなんとか押しつけるために、「言い訳するな！」と叫《さけ》ぶのです。

あ、学校にもありますね。「この髪は生まれつき茶色なんです」と染めてないと説明する生徒に「言い訳するな！」と叫んだ、なんて事例はあちこちにあるでしょう。

残念なことですが、アネモネさんは、合理的な「説明」を不必要な「言い訳」だと、小さい頃からお母さんに刷《す》り込まれ、従《したが》ってしまったのです。

新入社員が「会社ってのはこういうもんだ。残業300時間しても言い訳しないで仕事を仕上げろ」という言葉に従って、過労死するようなものです。

でも、もう26歳ですからね。そろそろ、母親の考え方から脱皮《だっぴ》して、相手を見て接し方・戦い方を上達させた方がいいと思います。

これからは、相手を見ましょう。そして、この人は、私の事情を「説明」と取ってくれるだろうか、それとも「言い訳」と断定するだろうかと考えるのです。

そして、「説明」だと取ってくれると思った人には、ちゃんと説明します。お互いの関係が良好なら、ある程度の強引な理屈も「説明」になります。

例えば「仕事が大変で睡眠不足が続いたので、デートに寝坊した」なんてのは、愛があれば、「言い訳」ではなく「説明」になります。毎日、終電で帰って、朝6時には起きているという事情を恋人に言えば、「あなたへの気持ちが醒《さ》めてきたから遅刻したんじゃない」という大切な説明になるのです。

仕事の場合は、職場環境によるでしょう。「遅刻は遅刻だ！　言い訳するな！」と怒鳴《どな》られるか、「残業時間がブラックすぎる」と会社全体で問題になれば「説明」になります。

言わずもがなですが、「言い訳」と「嘘」は違います。たっぷり寝たのに、思わず遅刻した時に、「最近、仕事が忙しくて」と言うのは、「言い訳」ではなく「嘘」です。お母さんの言葉「言い訳ばかりすると信用されない大人になる」をうんと好意的に解釈すると、お母さんは「言い訳」ではなくて「適当な嘘」と言いたかったのかもしれません。「適当な嘘ばっかり言ってると信用されない大人になる」なら、納得します。

さて、アネモネさん。相手を見て接し方を変えていくうちに、「どうしてもこの人には分かってもらいたい」と思う人と出会うかもしれません。

大切なビジネスの現場で、「言い訳するな！」と言われても、「言い訳ではありません。私の説明を聞いて下さい」と、戦わないといけない時もあるでしょう。

理屈が通じない相手ですから、戦い方も戦略が必要になります。

例えば、もしタイムマシンでアネモネさんが門限を破ったと怒られている時に戻れたら、僕はこんな戦い方をアドバイスします。

外に出された時に、「しょうがなかったの！　ケガした友達を送ったんだから！」と言っても、理屈の通じない母親にはムダでしょう？

でも、「分かりました！　次からは、友達が大ケガしようが死のうが、絶対に無視して門限を守ります！　約束します！　友達との信頼とか友情より門限がはるかに大切です！」と玄関の外で隣近所《となりきんじょ》に聞こえるように叫び続ける、なんて戦い方です。

でもこれは、必要な「説明」を「言い訳」と断定する人との戦いですから、もう少し先の上級編のテクニックです。

まずは、「説明」を聞いてくれそうな人には、たくさん話すこと。自分では「ああ、これは『言い訳』だよ。お母さんなら怒るよ」と思っても話すこと。相手がそれを「説明」と取るか「言い訳」だと感じるかは、話してみないと分かりませんからね。

20年以上、間違ったことを教えられてきたのです。時間はかかると思いますが、少しずつ、少しずつ、母親の考え方を心の中から追い出して、自分の言葉を手に入れて下さい。アネモネさんなら、きっと大丈夫です。

相談16

不倫のすえ出産した息子に、父親の存在についてどのように説明すればいいでしょうか?

34歳・女性　ゆかり

初めまして。私は30代半《なか》ばの未婚女性です。私は4年前に未婚で男児を出産しました。子供の父親とはいわゆる不倫の関係でした。6年交際していて4年は知らず、知ってからは彼からの必ず離婚するという言葉を信じていました。愚《おろ》かだと思います。現在、関係は解消しています。私自身は不動産収入もあり1人でも生活の不安はないこと、宗教的な理由から中絶はしたくなく、結局出産する道を選びました。

子供の父親からは認知してもらい、また毎月決まった額《がく》の養育費振込《ふりこ》みと子供との月1回の面会の約束を公正証書《こうせいしょうしょ》にて取り交わし、続けています。子供と一切《いっさい》会わせずに関係を断《た》つことも何度も考えましたが、会う／会わないどちらにしても不満が出てくるはずなので、本人の意見が出てくるまではどちらか選べるよう、現時点では、会える道を残しています。子供は彼をパパと呼んで遊びに行く日を楽しみにしているようでもあり、全く忘れているような時もあります。

子供も幼稚園に通うようになりました。まだ聞いてはきませんが、自分の父親との関係は？　なぜ一緒《いっしょ》に住んでいないのか？　どのようにして生まれたのか？　などの話を、今後子供にどのように説明していけばよいのか悩んでいます。また、私自身は、自分の決めた道ですので、世間から何をいわれても目の前のことに誠実にひたすら精《しょう》進《じん》してゆくのみであると心得ていますが、子供が世間からの誹《そし》りを受けたり、悩んだり苦しむことを考えると大変申し訳なく、夜眠れずに悩んでいることもしばしばです。

鴻上先生でしたら、いつごろ、どのように説明しますか？　この先、子供に対してどのようにしたらいいでしょうか？　ぜひご意見をお願いいたします。

ゆかりさん。そうですか。「夜眠れずに悩んでいることもしばしば」ですか。
でも、僕は、ゆかりさんの「私自身は、自分の決めた道ですので、世間から何をいわれても目の前のことに誠実にひたすら精進してゆくのみである」という文章に感動しました。こんな言葉を書けるゆかりさんなら、きっと息子さんとうまくやっ

ていけると感じます。

さて、僕なら、いつごろ、どう説明するか、ですね。

まず、幼い時の説明と、物心《ものごころ》がついて考えることができるようになった時の説明と、思春期の説明と、そして大人になった時の説明は変えると思います。

それは、ゆっくりゆっくりと、その時その時に合った言い方で事情を説明することがいいと思っているからです。

また、息子さんのタイプによっても変えると思います。

幼い時から大人《おとな》びていろいろと神経質に考えるタイプと、天真爛漫《てんしんらんまん》でノンキな性格では説明も違ってくるだろうと思うからです。

幼い時は、聞かれない限り、事情を説明する必要はないと思います。

もし、「どうしてパパは家にいないの？」と聞かれて、息子さんが天真爛漫なら、「パパは仕事で忙しいから、家にいられないの」と答えることで納得するんじゃないかと思います。

基本的に嘘《うそ》をつくことは避《さ》けたいと思いますが、幼くて天真爛漫な子供に「大人の事情」を説明する必要はないと思います。しても理解できないでしょうしね。

でも、幼い時から大人びていて、この答え方に満足できない様子だった場合は、「ママとパパは仲良くできなかったので、別々に住んでいるの」と言います。「でも、ママもパパもあなたのことが大好きなのよ」と付け加えながら。「どんなふうに生まれたか？」については、何も言いません。まだその時期ではないと思います。

物心つく頃、小学生の3、4年でしょうか（人によって違うでしょう）。この時に、「どうしてパパは一緒に住んでないの？」と聞かれたら、「ママとパパは仲良くできなかったので、別々に住んでいるの。そうすると、お互いがケンカをしなくてよくなったの」という説明をします。

「どんなふうに生まれたの？」という質問が来ても、「不倫」だとは言いません。月1回の面会が続いていて、パパにもうひとつの家庭があると知り、「どういうこと？」と聞かれたら、「ママと別れたパパは別の人を選んだの」と言います。「でも、パパはパパだからね」と付け加えながら。

どの時期も、「質問をはぐらかす」ことと「答えを先送りにする」ことだけはやってはいけないと思います。

例《たと》えば、無視して別の話を始めるとか「また今度ね」とか「大きくなったら分かるわよ」とか「そのうち説明するね」という言い方です。

その時その時、相手を見ながら、相手の理解できる範囲で伝えます。

そこから先は、息子さんの状態次第だと思います。月1回の面会を希望し続けるのか。父親とどんな会話をするのか。

思春期になった時に、ゆかりさんとどんな関係になっているのかも重要です。より繊細《せんさい》な状態なら、まだ「不倫」であるという説明はしないと思います。「ママとパパは恋をした。その結果、あなたが生まれた。でも、恋は終わり、お互いを傷つけないように別々に生活を始めた。そして、パパは別な人を選んだ」という説明です。

やがて息子さんが大人になり、どんな会話ができるかは、楽しみにとっておいた方がいいと思います。

じつは、ゆかりさんの相談の文章を読んで感動した点がもうひとつあります。

それは、男に対する悪口が一言もないことです。「6年交際していて4年は知らず、知ってからは彼からの必ず離婚するという言葉を信じていました」というのは、男を責《せ》めて当然のことです。それをゆかりさんは「愚かだと思います」という言葉で表現しているのです。

親しい友達には、どんなに男の悪態《あくたい》をついても、子供には絶対に言ってはいけない、と分かっていらっしゃるんじゃないでしょうか。だから、この相談でも悪口を避けたのではないかと僕は思いました。違いますか？

悔《くや》しいですが、つらいですが、どんなに男に腹が立っても、子供に父親の悪口は言ってはいけないと僕は思っています。子供にとっては、母親を裏切ろうが嘘をつこうが父親なのです。父親の悪口を言うことは、そのまま子供を傷つけてしまうことになるのです。

それは、結果的に母親との関係も悪化させてしまうことになると僕は思っています。

「子供が世間からの誹りを受けたり、悩んだり苦しむことを考えると大変申し訳なく」とゆかりさんは書きます。

息子さんがどんな人と出会い、何を言われるかは分かりません。でも、日本でもシングル・ペアレントが珍《めずら》しくなくなってきました。軽率《けいそつ》なことは言えませんが、だんだんと理解は広まっていくんじゃないかと期待します。

「あなたのことが大好きで、幸せになりたいから、ママはあなたと二人で住むことを選んだの」という思いをちゃんと伝えれば、子供はきっと理解してくれるんじゃないでしょうか。

世間で子供が何かを言われたとしても、「自分は母親に愛されている」という確信と「二人で住むことがベストチョイスなんだ」という母親の判断に対する信頼があれば、子供は大丈夫だと僕は思います。

大変でしょうが、どうか負けないで。

ゆかりさんの一日一日を応援します。

相談17

10年来の付き合いになる友人が私の職業を侮辱《ぶじょく》。ほぼ絶交状態になりました

24歳・女性　ナム

10年来の付き合いになる友人Aとほぼ絶交状態になりました。私は、彼女（友人A）を一生の友人と思っていたので、今後どのようにしていけば良いのか分かりません。彼女はもともと私や他の友人に対して失礼な事を口走ることがありましたが、世の中に完璧な人間はいないし、もしかしたら自分も会話の中で相手に対して失礼な事を言ってしまうこともあるかもしれないと考え、さほど気にしていませんでした。また、彼女と過ごす時間は楽しかったので、彼女の嫌《いや》な発言をいちいち指摘することはなく、生活していました。

先日、彼女（友人A）と私ともう1人の友人Bで食事する機会があったのですが、そこで友人Aが、私と友人Bの職業を侮辱する発言をしました。その発言には友人A

の職業差別的な意識が強く感じられ、私とBはとても動揺《どうよう》し、憤《いきどお》りましたが、何よりものすごく悲しくなりました。私たち3人は中学からの付き合いで、私は勝手に、同じような価値観を持っているものだと思っていました。綺麗事《きれいごと》のように聞こえるかもしれませんが、私は全ての職業にそれぞれのミッションがあり、それら全てが尊《とうと》いと心から思っていたので何だかものすごいショックを受けてしまいました。

世の中に職業差別的な考えがあるのは十分承知しているし、それを否定するつもりはありません。けれど、友人Aには、私が今の職業につくまでに行《おこ》なった努力やその過程で感じた辛《つら》さや弱音《よわね》を全て話していたので、私のことをそのように思っていたかと思うと本当に悲しくなりました。また、もしそのように考えていたとしても、私たち2人に絶対に言うべきではない発言だったと思います。私たちにこのようなことを言っても平気だろうと判断したことについても、憤りを感じています。彼女と過ごした楽しい思い出は忘れることができません。このような質問をするということは、私がどこかで彼女との関係の修復を望んでいるというのも自覚しています。また、今までの会話の中で、彼女の発言を指摘せず、感情を露《あら》わにして怒ったりすることも全くしなかった私も悪かったと思っています。彼女を許すことができれば楽《らく》なのですが、もし許したとしても、その後私は彼女とどう接していけば良いのかわかりません。私は彼女の発言に本当に傷ついたし、何よりもう1人の友人Bは私よりも深く傷つき、怒り、悲しんでいます。自分の悲しみに目を背《そむ》けるのはまだ簡単ですが、傷ついた友人Bを見ていると私も本当に辛く、Aを許して以前の関係に戻ることは今は考えられません。

この問題の結論は、私自身で考えるべきことだと思うのですが、どのように折り合いをつけていけば良いか分かりません。鴻上さんの力をお借りしたいです。

ナムさん。そうですか。10年来の友人と絶交状態になりましたか。

「どのように折り合いをつけていけば良いか」分からないんですね。

でもね、ナムさん。僕には、事態はわりと明確なんじゃないかと思うのです。

まず、ナムさんは、差別的な発言をしたAさんと、まだ、友達でいたいとどれぐらい本気で思っていますか？

一生の友達だと思った気持ちと、侮辱する発言で傷つき、嫌いになった気持ちを天《てん》秤《びん》にかけてみるわけです。

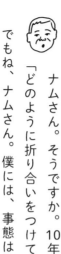

少しでも、「もう嫌だ」「許せない」という気持ちが強ければ、関係を終わらせる方がいいと思います。

つらいですが、それがナムさんのためでしょう。

でも、10年来、楽しくやってきたんだ、どうしても、この関係を終わらせたくない、と思っているとしたら、ナムさんのやることは、ひとつだと思います。

それは、Aさんに「あなたの差別的な発言で、私もBさんも激しく傷ついた。どうして、そんな発言をするのか？　まったく理解できないし、許せない。本気でそう思っているの？」と伝えることです。

そして、Aさんと「対話」を始めることです。

ナムさんは「彼女の発言を指摘せず、感情を露わにして怒ったりすることも全くしなかった私も悪かった」と思っていますよね。

そして、「彼女を許すことができれば楽なのですが」とも思っていますね。

つまり、ナムさんの選択肢《せんたくし》は、「怒る」か「許す」しかないと僕には感じられます。

僕には、それがとても不思議なのです。

ナムさんは、本当に、Aさんのことを「一生の友人」だと思っていましたか？

僕には、「怒る」か「許す」しかなく、「この問題の結論は、私自身で考えるべきことだと思う」と言うナムさんが、Aさんのことをそんなに大切な友人だと思っていたとは、申し訳ないのですが、なかなか、思えないのです。

「一生の友人」だと思っていたら、話しませんか？　何でも話せるから「一生の友人」だと思えるんじゃないですか？

もちろん、「一生の友人」だから、あえて触《ふ》れないことや黙っていることはあると思います。でも、これを言ったら怒らせるとか、傷つけるとか、関係が悪くなると心配ばかりして口をつぐむのは、「一生の友人」じゃないと僕は感じます。

相手の言葉に対して、「怒る」か「許す」しかないのは、友人関係ではなく、上司と部下とか先輩と後輩とかお店とお客とか、つまりは上下関係というものじゃないかと思うのです。

「一生の友人」だと本気で思っているのなら、対話することをお勧《すす》めします。

ただし、対話は、仲良くなったり、許したり、怒りをぶつけるためにするのではありません。対話は、「新しい関係性を作る」ためにするのです。

というか、対話しない限り、「新しい関係性」は生まれないのです。

ナムさんが、いくら一人で悶々《もんもん》としていても、事態はなにも変わりません。

ただ、対話することで、新しい関係が生まれるのです。

誤解しないで下さいね。対話したら、うまくいくと言っているのではないですよ。

対話して、「今の関係」が終わることもあります。それも「新しい関係」です。

話してみて、「自分は全然、差別的なことを言ったつもりはない。あの職業がクソなのは、当然のことだ」とAさんが言ったとしたら、そこで、完全にナムさんはAさんをあきらめるでしょう？　完全に怒るでしょう？　それが対話の結果です。

それでいいのです。対話することで、ナムさんはやっと自分の気持ちと状況が整理できるのです。

もちろん、対話して、Aさんが「なるほど。私の考えは間違っていた。私を許してくれる?」と言ったとしたら、そこから、また「なかなか、許せない。どうしたらいいと思う?」と対話を続ければいいのです。

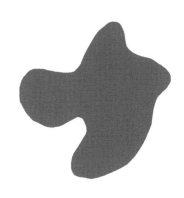

うんと話は飛躍《ひやく》するのですが、ナムさんの今回の相談に答えたのは、僕は「日本人は対話が下手《へた》だ」と思っているからです。

多くの人は、「相手を傷つけないように」自分で結論を出そうとするか、「相手に聞くのは失礼だ」と自分で忖度《そんたく》すると僕は思っているのです。

でも、相手と対話しない結論は、多くの場合、的外《まとはず》れです。

僕はたくさんの友人やカップル、夫婦が、対話をしないまま、「怒る」か「許す」だけを続けて、ずるずると孤独と淋《さび》しさに苦しむ様子を見てきました。

対話することしか「新しい関係性」を手に入れる方法は

ないのです。たとえ、対話することで関係が終わったとしても、それは新しい関係であり、旅立ちなのです。

でもね、ナムさん。対話は疲れます。たくさんのエネルギーが必要です。

だからこそ、最初に、「Aさんとまだ友達でいたいと思っているかどうか」と聞いたのです。

もし、そう思っているのなら、Aさんと対話をすることをお勧めします。

その結果、Aさんを失うという結論になったとしても、それは、ナムさんにとって「対話」という大切なレッスンになります。これからの人生を素敵《すてき》にする道具です。

もちろん、新しい友人関係を築けたら、それもまた素敵です。どっちの結論になっても、対話する意味はちゃんとあると僕は思っているのです。

ゆっくり、自分の気持ちを確認してみて下さい。

相談18

学校のお母さん達と話していると、子供か旦那《だんな》か家事、他の家庭のうわさ話で、ハッキリ言ってつまらないです

49歳・女性　球磨子

鴻上さん、はじめまして。いつも楽しく拝読しています。私の悩み……と言っていいのか、お話をしたいと思います。私は現在既婚《きこん》で10歳の息子がいます。若い頃からいろんな仕事をしつつ、作家活動（アクセサリーやバッグなどファッション小物の手作り品制作）に勤《いそ》しんできました。それまでまわりに居《い》たのは似たような人達、同じように何かを作ったり自分の世界を持っている人がほとんどだったので、それが普通だと思って生きてきました。ところが出産してから地域の児童館や学校関係で、浮いている自分に気づきました。どうして皆、母親になったら○○ちゃんママ（苦手なワードです）にシフトチェンジできるのでしょう……？

もちろん子供に対して基本的な事は責任を持ってやる（食事の提供や生活面におい

て）つもりですが、その他は以前と変わる気はありません。子供はかわいいし愛しており、一緒《いっしょ》に映画を観《み》たり、音楽や漫画を勧《すす》めあったり、仲はいい方だと思います。今でも作品制作は時間を作って続けていますし（赤ちゃんの時はほとんどできませんでしたが）、家事は忙しい時は超手抜きですが旦那も子供もすっかり慣れています（汗）。学校のお母さん達と話していると、ほとんど子供か旦那か家事、他の家庭のうわさ話で、ハッキリ言ってつまらないです。一時期歩《あゆ》み寄ろうともしたのですが、面倒くさいドロドロに巻き込まれそうになり、更《さら》に嫌《いや》になり付き合いをやめました。今では深入りしないようにしていて、言い過ぎかもしれませんが、子供を持つと自分を客観的に観られなくなるのか……？と、妖怪《ようかい》を見るような気持ちです。母親仲間からはずされないように無理していたり、お互いの子供の出来《でき》をひそかに比べ合っていたり……。ちなみにプライベートで知り合ったお母さんとは気が合う事が多いです。子供って親がどんなに期待、努力しても育つようにしか育たないし、とどのつまり、家族それぞれ思いやりつつ別の人生を楽しんだ方がお互いのためじゃないかと思うのですが、お気楽《きらく》すぎますか？　私が変わり者なんでしょうか……？

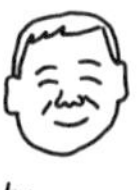

球磨子さん。全然、大丈夫です。球磨子さんは、まったく、変わり者じゃないと思いますよ。

たぶん、この相談を読んで、「あー、分かる！　私も！」とか「そう！　だから、つきあいをやめたの！」と思わず声を出している読者は多いんじゃないでしょうか。

また、球磨子さんを羨《うらや》ましく思う読者もいるでしょう。「あー、私も球磨子さんみたいに、あの人達から距離を置きたい。なんで、できないんだろう」と哀《かな》しくなる読者です。

今回、球磨子さんの相談を取り上げたのは、「球磨子さんのように感じる人は決して少なくないんだ。だから、今の私でいいんだ」とか「よし、私も球磨子さんのように距離を置こう。プライベートで友達を見つければいいんだから。無理に群《む》れることはないんだ！」と勇気づけられる人がたくさんいるだろうと思ったからです。

ですから、僕の答えは、「はい。球磨子さん。それでいいと思います。まあ、妖怪みたいだと思っていると、それがそのうち顔や態度に出て反発を受けるかもしれませんから、『そういう趣味の人なんだ』ぐらいで止めて、適当に距離を取りながら、自分の楽しみを追求していくのがいいと思います。それが『ほがらかな人生』への道です」という、『ほがらか人生相談』というタイトルに相応《ふさわ》しい回答です。

おう。めったにない回答ですね。じつに、ほがらかです。

球磨子さんは、作品制作という自己表現の道があったから、こうやって冷静に自分と周囲を見つめられたのだと思います。自分独《ひと》りで楽しめることがあると、淋《さび》しさに負けて、ママ友の輪《わ》に深入りすることもなくなりますからね。

もし、「ママ友とのつきあい方」に苦しんでいる人がいたら（実際、そういう相談は多いのですが）、球磨子さんのように子供以外の「自己表現する楽しみ」をうまく見つけられたらいいんじゃないかと思います。

別にそれは、お金になることじゃなくていいのです。

　ママ友と話すこと以外に、生活の楽しみや心の安定、気分転換ができる何かを持てれば、ママ友仲間と適切な距離が取れると思います。

　深入りしないと、子供が仲間外れにされないかと怯《おび》える人がいるかもしれませんが、ほんの幼い時期を除いて、子供は自分の遊び相手を自分で見つけるものです。

　子育ての時期は大変ですが、手近な「ママ友の輪」ではなく、「私の密《ひそ》かな楽しみ」を見つけることをお勧《すす》めします。

　というわけで、球磨子さん。全然、大丈夫です。このまま、どんどん、自分の道を行って下さい！　応援します！

相談19

小さい頃から手をあげ続けてきた父親への憎悪《ぞうお》にどう折り合いをつければいいでしょうか

20歳・女性　カナコ

父親への憎悪を持て余《あま》しています。父は小さい頃から躾《しつけ》で手をあげる人でした。何度も言われているのに忘れてしまう私が悪いのですが、それでも恨《うら》む気持ちは抑えきれません。まだ保育園の頃、鼻炎《びえん》のため家で一番ティッシュを消費する私が何度言っても鼻をかむ前にティッシュを四つ折りにしない事に激怒《げきど》した父が、私の髪を掴《つか》んでティッシュのある所まで引き摺《ず》って行き、「鼻のかみ方を教えてやる！」と怒鳴《どな》ったのを10年以上経《た》った今でも覚えています。父が私にビンタする前、歯を食いしばり腕を大きく振りかぶりながら目をギラつかせている姿も簡単に思い描けます。元ラグビー部の成人男性から暴力を受ける5歳児なんて、この世に存在してほしくありません。10歳の時、母を通じて「もう叩《たた》かないし怒鳴らない」と約束をしてくれました。舞

い上がった私は家族の中で一番父に好《す》かれている母の真似《まね》をしました。母にイジられてデレデレしてる時に、今だ！と思って私も乗っかったところ、先ほどまで笑っていたのにスッと真顔になり「俺は奥さんは自分で選んだけど、お前の事は選んでないからな」と言われました。これも父を憎《にく》む原因の一つです。家族の中で父だけは好きと言えない自分に罪悪感を抱いていたため、父と仲良くなりたかったのに当の本人から拒《こば》まれたわけです。愚《おろ》かにも私はあの時、本気で母の真似をすれば父はきっと喜んで、私の事も好きになってくれると思っていました。現実はお前なんかいらないと言われたようなものですが。

　何より腹が立つのは、数年前会話の流れでこの事を指摘したら「いやそれは違うじゃないか」と言い出すのです。お説教中、私が「ハイ」と「ごめんなさい」以外に何か言おうものなら即座に「言い訳するな！」と怒鳴っていた男が、自分はたらたらと言い訳しやがる。それで嫌《いや》になって部屋を出ていこうとすると「ほらな、俺がアイツを理解しないんじゃない。アイツが俺と向き合おうとしないんだ」と。あんまりムカついたので、回れ右して思ってる事全て話しました。こんな事を言っていつ叩かれるか分からない恐怖に体が震《ふる》えて縋《すが》りついた机も揺《ゆ》れ、机の上でペンが陸《おか》に上がった魚

みたいになってたのが場違いに滑稽《こっけい》でした。途中、過呼吸《かこきゅう》を起こしながらもどうにか嫌だった事全部伝えた結果が、「それで、俺にどうしてほしいわけ?」。父からすればいきなり10年も前の事でクレーム付けられたわけですし、父だって私を立派に育てるべくやった事です。嫌《きら》っといて何ですが、良かれと思って躾したのに娘に逆恨《さかうら》みされて気の毒になぁと思います。それにしたってこれだけボロボロの娘を見て第一声が「それで?」かよ……と心底絶望しました。向き合おうとしないと言われてムカついたから、なら向き合ってやろうじゃねぇかと思いの丈《たけ》をぶちまけただけで、どうしてほしいとかまでその時は考えていませんでした。

その後どうしてほしいか考えましたが、今更《いまさら》謝られても気色《きしょく》悪いし過去の事は許せないので、父には私と同じ分だけ苦しんでほしいんだと思います。でも父は過去の事でクヨクヨするより俺はやれることはやった、と胸を張って前を向いて生きる人です。それが余計に憎らしいです。私はこんなに傷付いたのに、私はこんなに苦しんでるのに!と勝手に感情的になって勝手に疲れます。これが逆恨みだと理解しているし、父に同情もしてるし、でも私に残ってるのは被害者意識ばかりだし、10歳の時の自分は未《いま》だに傷付いてるし、もうグチャグチャでしんどいです。話し合いで父と和解できるとはもう思えません。私はどうやってこの感情に折り合いをつけていけばよいのでしょうか？

…………

カナコさん。酷《ひど》い目《め》にあいましたね。「どうやってこの感情に折り合いをつけていけばよいのでしょうか？」とカナコさんは書きますが、折り合いをつける必要はないと思いますよ。

はっきりしているのは、ひどい父親だ、ということだけです。父親に対して怒るだけです。それだけです。折り合いをつけることじゃないでしょう。

カナコさんは、真面目《まじめ》でしっかりしている人ですね。

「ティッシュを四つ折りにしない事」で父親に殴《なぐ》られたことについて、カナコさんは「何度も言われているのに忘れてしまう私が悪いのですが、それでも恨む気持ちは抑えきれません」と書きます。

5歳児ですよ。忘れて当り前です。カナコさんは少しも悪くないです。もし、鼻炎に苦しんでいるのに、毎回、きっちり、ティッシュを四つ折りにする5歳児がいたら、気持ち悪いです。天才か妖怪《ようかい》です。

父親に気に入られたくて、父親が大好きな母親の真似をするのも、当り前のことです。なのに、それをカナコさんは「愚かにも私はあの時、本気で母の真似をすれば父はきっと喜んで」と書きます。

愚かじゃないです。自然です。子供として、ものすごく自然な行動です。好きになって欲しい人に、好きな人が喜ぶ行動を取る。大人でもやっています。

カナコさんはさらに「逆恨みだと理解しているし」と書きます。全然、逆恨みじゃないです。

「父に同情もしてるし」とも書いていますね。何が同情できるのでしょう？　同情する事情なんてまったくないと思いますよ。

カナコさんは「でも私に残ってるのは被害者意識ばかりだし」と書きます。だって、被害者なんですから。これも当り前のことです。簡単に忘れられるわけありません。

カナコさんは「10歳の時の自分は未だに傷付いてるし」と書きます。それが当然だと思いますよ。

カナコさん。あなたは本当に苦労して、そして、我慢《がまん》してきたんです。

ひょっとして、まだ一緒《いっしょ》に父親と住んでいますか？　家を出ることを許してくれませんか？

もしそうなら、親の心ない言動に苦しんでいる相談者に僕が毎回伝えていることですが、今すぐ、出た方がいいと思います。

一緒に生活している限り、カナコさんを苦しめた父親のことを意識してしまいます。家を出て、とにかく、父親の世界から離れるのです。

ひとつ、感動したことがあります。

カナコさんの文章はとても明晰《めいせき》で素敵《すてき》です。長い文章なのに、すっと内容が入ってきます。そして、表現力がすごいです。「机の上でペンが陸に上がった魚みたいになってたのが場違いに滑稽でした」なんて表現は、鮮《あざ》やかで感動しました。

カナコさんはとても聡明《そうめい》な人だと思います。だから、いつまでも父親のことに悩まされているのは、損《そん》です。父親は子供だった。腕力はあったけれど、精神は子供のままだった。哀《かな》しいけれど、そういうことです。

だから、もう父親を乗り越えて、忘れて、カナコさんの人生を始めて下さい。

心から、応援します。

相談20

課題とテストでやりたいことをやる時間がなく、中高一貫《いっかん》の進学校に通い続けるか、迷っています

15歳・女性　るる

私は今、中学3年生です。私の通っている学校は、いわゆる進学校で、中高一貫校です。入学するために自分でもよく勉強したと思いますし、入学したことを後悔はしていません。学校としてはとても良い環境だと思うからです。でも、毎日課題をしたりテストの心配をしたりしていて、辛《つら》くなってきました。

時間のある休日に本を読んだりすると、今自分がいる世界とは全く別の世界を見ることになって、そういうときに、自分はこうしていていいのだろうかという不安を感じます。もっと本を読みたい、実際にここに行ってみたい、見てみたい、調べたいなど、学校の他にやりたいことがたくさんあって、でもそれをできる時間が少なくてもどかしいです。

今も、コロナウイルスの影響で休校中ですが、オンラインの授業が毎日あり、課題も毎日あります。父と母からは、辛いと思うなら今の学校をやめて公立の学校へ行っても良いと許可はもらっていますが、この学校は、大学へ入り、私が将来したい仕事にも近づける良い環境なのもわかります。なので、そうやって踏《ふ》み切る勇気が出ません。

勉強は楽しく思うこともしばしばあるし、必要だとも実感しているのですが、他にもしたいことがたくさんあり、どうしたらいいかわかりません。迷ったまま学校へ通い続ける事は嫌《いや》なのです。どうしたらいいでしょうか。

るるさん。相談、ありがとう。担当編集者によると、『ほがらか人生相談』の最年少投稿《とうこう》者だそうです。

とても厳しい「中高一貫校」でしょうか。ひょっとしたら、比較的新しい学校ですか。伝統的な「中高一貫校」には、生徒の自主性に任せたり、自由だったりする学校が多いというイメージですが、どうでしょう。

毎日、膨大《ぼうだい》な課題・宿題が出されているのですね。

じつは、るるさんの質問を読んで、僕は自分の中学・高校時代を思い出しました。

僕は中学は市立の平均的な中学でしたから、1年、2年はやりたいことをやりました。ソフトテニス部と演劇部をやり、友達とバンドを組んだりしました。初めて一人旅に出て、金沢から能登《のと》半島を回ったのは中学2年の夏休みでした。

ただ、さすがに、中学3年の夏休みを過ぎたぐらいから、受験勉強を意識するようになりました（毎日の宿題や中間・期末テストの対策はちゃんとやってました。それ以外の受験勉強です）。

今でも覚えていますが、食事を終え、夜8時から0時まで4時間、ただ机に向かうという生活を2週間ほど続けた時に、「なんてつまらない人生なんだ」としみじみしました。

読みたい本を読まず、見たいテレビを見ず、行きたいところにも行かず、電話で友達とも話さず、ただ受験勉強を続ける人生が、本当に退屈だと思ったのです。

あまりの単調さにうんざりしましたが、半年の辛抱《しんぼう》だと我慢《がまん》しました。

県立高校に入った後、進学校でしたが、これまた、1年2年はノンキに過ごし、受験の反動で読みたい本を読み、生徒会をやったり、演劇部をやったり、文芸部をやったり、高2の夏休みは、一人で北海道を20日弱回りました。その時以来、「礼文島《れぶんとう》」は大好きな場所です。

3年になって、さすがに受験勉強に出遅れたと焦《あせ》った時も、るるさんが思っている「もっと本を読みたい、実際にここに行ってみたい、見てみたい、調べたいなど、学校の他にやりたいことがたくさんあって、でもそれをできる時間が少なくてもどかしい」という思いに苦しんでいました。

現国《げんこく》の問題で、作家名と小説のタイトルを結ぶ問題なんかを解きながら、「こんなこと、人生の何の役に立つんだろう」と腹を立てていました。「読まないと意味ないじゃん。作家名とタイトル覚えてどうするよ」とささくれだっていました。

で、結局、勉強よりもやりたいことを優先して、中途半端《ちゅうとはんぱ》にしか受験勉強をやらず、当然のように志望校に落ちました。

でも、高校時代の時間の使い方に関して、まったく後悔はありませんでした。「受験」より「それ以外の大切なこと」を経験できたことは今の自分を作っていると確信を持って言えます。

るるさんと違って、僕がラッキーだったと思うのは、あの当時、「一浪《いちろう》は当り前」

と考えられていたことです。分かりますか？　高校を出た後、予備校に通って、一年間浪人することです。「一浪」を「ひとなみ」と読んで、「一浪は人並み（ひとなみ）」なんてフレーズも広がりました。信じられないでしょうね。

でも、今は浪人がびっくりするぐらい減りました。経済的な理由や「浪人する意味」など、さまざまなことが理由でしょう。

浪人した時には、さすがに、勉強しました。もう後がないと思っていましたし、はやく「自分のやりたいこと」を実現したかったので、勉強するしかないと腹を括《くく》ったのです。

でも、ぶっちゃけて言いますが、受験勉強はつまらないものでした。それは、昔も今も変わらないと思います。

特に、「思考型」ではない「短期暗記型」の受験勉強は本当に退屈です。でも、日本の受験は、まだまだ「短期暗記型」のものが多いと僕は思っています。だから、ものすごく退屈で、つまらなくて、うんざりするのです。

浪人の一年間、僕はなんだか自分が「勉強」ではなくて「我慢」とか「修行《しゅぎょう》」とかしているような気持ちになっていました。

さて、どうして、こんなに自分の中学・高校時代を思い出したかというと、今、るるさんが悩んでいる「勉強」と「学校の他にやりたいこと」のバランスに、僕がかつて苦しんでいたことを思い出したからです。

この問題に悩んでいるのは、僕やるるさんだけではないでしょう。

たぶん、日本の、そして世界の中学生、高校生の多くがぶつかっている悩みだと思います。

やりたいことがたくさんある。今という時間をただ、勉強だけで終わらせたくない。でも、勉強もしないといけない。将来のためには、勉強もしたい。でも、だからといって、今の生活を、ただ勉強の繰《く》り返《かえ》しだけの単調な一色《いっしょく》で終わらせたくない。

悩んでいるのは、るるさんだけではないと思います。

さて、るるさん。るるさんは「この学校は、大学へ入り、私が将来したい仕事にも近づける良い環境」だとちゃんと分かっていますね。

将来、なりたいのはどんな職業なんでしょうか。その仕事のためには、かなり、偏差値の高い大学に入らないとダメですか？　それとも、それなりの大学でも、その仕事につけますか？

今のるるさんの成績はどうですか？　毎日、課題に苦しめられながら、それなりの結果ですか？　上位の方でしょうか、下位の方でしょうか？

なんでこんなことを聞いているかというと、「学校以外でそれなりに充実した時間を過ごすこと」と「勉強に完璧な時間を使うこと」は、両立が不可能だろうと僕は思っているからです。

もし、るるさんが、かなりの大学に入りたいと思っていて、なおかつ、今の「中高一貫校」で下位の成績なら、そのままガンバる方がいいと思います。

もし上位なら、少しずつ、勉強の仕方を工夫して、つまりは、要領《ようりょう》よく時間を使えるようにして、そのまま、宿題・課題の多い「中高一貫校」でも、勉強の合間《あいま》にいろんなことができることを目指すのがいいと思います。うまく「勉強の手を抜く」ということです。

もし、るるさんのなりたい職業が、そんなに難関の大学でなくても充分なら、そして、今の成績が少なくとも下位ではないのなら、思い切って、宿題・課題が多い「中高一貫校」をやめて、比較的自由な時間が取れる高校に行くという選択肢《せんたくし》もあると思います。

結局は、「やりたいこと」と「勉強」の完全な両立は不可能なので、バランスを選ぶしかない、ということです。

これが正解という分かりやすい解答はないと思います。

でも、るるさんは、将来の目標もはっきりしているし、自分の状態も分かっているでしょうから、なんとか、ベストではなくても、ベターなバランスを見つけられるんじゃないでしょうか。

バランスを見つける試行錯誤《しこうさくご》は、人生の中では決してムダにはなりません。結果的にうまくいかなくても、その努力や苦しみは、将来、るるさんの人間性を豊かにするものです。

それだけは間違いのないことです。

楽しくバランスを探ってみて下さい。

相談21

お年寄りにも優しい感情が持てず、自分が歳《とし》を取ることに恐怖を感じます

52歳・女性　パトリシア

現在、52歳で一人暮らしです。息子が二人いましたが次男は2年前に亡くなりました。その頃、夫とも離婚しました。長男は、結婚し、子どももいます。元々、一人が性《しょう》に合っていたのか寂《さび》しさなどはなく、仕事もあり、今のところは食べていくには困らず、まずまず中年女としては恵まれている方なのかもしれません。

ただ私は、歳を取ることにものすごく恐怖を感じています。「老後が心配」とか「一人で死にたくない」などではないのです。しわしわで思考力がなくなり、ただ生きているお年寄りに対して、嫌悪感《けんおかん》が強いのです。じゃあ、女流作家のように生き生きして、しっかりしている人ならいいかというと、それも嫌いです。とにかく、突《つ》き詰《つ》めてみると「年寄りが嫌い」なんだと思います。だから、だんだん歳を重ねていく

自分も嫌いなんだと思います。想像するだけで死にたくなります。

先日も寝ている時に大きな地震がありましたが「避難所《ひなんじょ》に年寄りと一緒《いっしょ》に避難してどうなる？　まだ小汚《こぎた》なくないうちにこのまま地震で死ぬのもよかろう」と思い、揺《ゆ》れるのに任せていました。残念ながら、地震で死にませんでしたが、それくらい年寄りになりたくないのです。

だから、お年寄りに優しい気持ちを持てないし、特殊詐欺《さぎ》で騙《だま》されるお年寄りの話を耳にしても「そんなに判断力がなくなるくらいまで長生きしている人もどうかと思うわ」と、人とは思えない冷酷《れいこく》な気持ちの自分にゾッとします。

歳を重ねることに肯定《こうてい》的になるには具体的にどうすればいいですか？　このままでは、人としてダメになっていく気がします。

パトリシアさん。そうですか。お年寄りが嫌いですか。だから、「だんだん歳を重ねていく自分も嫌い」なんですね。でもね、パトリシアさん。パトリシアさんは「突き詰めてみると」と書いていますが、僕にはどうしても逆に思えてしようがないです。

「だんだん歳を重ねていく自分」が嫌いだから、結果的に「年寄りが嫌い」なのではと、僕には思えるのです。

だって、「歳を取ることにものすごく恐怖を感じて」いるんでしょう？　それは、誰でもない、「自分が年寄りになること」が嫌いだからじゃないですか。自分が年寄りになることを認めたくないから、年寄りという存在そのものが嫌いなんじゃないかと思うのです。

年寄りに意地悪《いじわる》されたとか、子供の頃に祖父《そふ》や祖母《そぼ》から虐待《ぎゃくたい》を受けた、だから年寄りは嫌いだとか、理由があれば別ですよ。

でも、「しわしわで思考力がなくなり、ただ生きているお年寄りに対して、嫌悪感が強い」のは（それは一方的な思い込みだと思いますが）、それが自分の未来だと思うからじゃないですか。そうなりたくないのに、そうなってしまうかもしれないと思うからこそ、「年寄り」の存在を認めたくないんじゃないでしょうか。

それはつまり、年寄りへの嫌悪ではなく、自分が老いていくことの嫌悪じゃないかと僕には思えるのです。

でね、パトリシアさん。老いていくことを嫌い、受け入れられないことは、僕は人間の自然な感情だと思います。

いろんな意味で私達は「老い」を嫌います。

『サンセット大通り』という古典の名作映画はご存知《ぞんじ》ですか？　かつての大女優が老い始め、でもそれを受け入れられなくて悲劇に向かって疾走《しっそう》する物語です。

「美しさを失う」という意味で、人は「老い」を激しく嫌悪します。

「自立することを失う」という意味でも、人は激しく「老い」を嫌悪します。

僕は去年、父親を亡くしました。俳句が趣味で、仲間の俳句同人誌に発表したりしていました。亡くなる数年前、身体が不自由になり、要介護認定の数字が大きくなった時、父親の俳句のメモ書きを見つけました。

「糞《くそ》まみれ　これがおのれか　歳暮るる」

身体が不自由になり、介護用のおむつから大便が漏《も》れ、それがベッドに広がり、老いた妻、つまり僕の母親に世話をしてもらった後に詠《よ》んだものだと思いました。

大便を漏らしたのは初めてで、傍目《はため》にも父親の激しいショックが分かりました。小学校教師を40年ほど勤《つと》め、地域の自治会長もやり、いろんな会合でリーダー的役割を務めていた自分が「糞まみれ」になるという衝撃を、受け入れられなかったのだと思います。

この俳句を父親は、結局、同人誌には送らなかったようです。

それまで「自分で自分を律《りっ》し、自立してきた人」ほど、「老いて自立することを失う」という恐怖や衝撃は大きいのだと思います。

パトリシアさんもそうではないでしょうか。息子さん二人を育て上げ、離婚して、仕事をして、「まずまず中年女としては恵まれている方」だと思っているパトリシアさんが、「しわしわで思考力がなくなり、ただ生きている」という状態になるのは耐《た》えられないんじゃないかと思うのです。

「老い」は避《さ》けられない。どんなに高価な化粧品を使っても、どんなに運動しても、手術を受けても、「老い」はすべての人間に着実にやってくる。そして、私達の美しさや賢《かしこ》さを奪っていく。それは事実です。

でね、パトリシアさん。ここからは、「どう老いるか」そして「どう死ぬか」という哲学の問題になってくると思うのです。

須原一秀《すはらかずひで》という哲学者をご存知ですか？　２００６年、65歳で本一冊分の遺書としての原稿を残して、自死した人です。本は、『自死という生き方』（双葉社）というタイトルで出版されて、当時、大きな話題になりました。

著者はその中で、「自分はもう十分生きた。あとは、自分以外の人に迷惑をかけず、自分自身がリスクを負わないため」というような言葉を残しています。

老いていくこと、思考が明晰《めいせき》ではなくなること、身体が利《き》かなくなること、それらに対しての冷静な考察もありました。

本では、息子さんが冷静に父親の死について書いていました。父親が選んだことだとして、決して否定的な内容ではありませんでした。

その当時、65歳で自死することに賛否両論ありましたが、僕は本を読んで「こういう考え方を選んだんだな」と思いました。「老いていく」という自分に対して、それを拒否して、自死という結論を出したんだと思ったのです。

北山修さんをご存知ですか？「きたやまおさむ」表記の方が有名でしょう。精神科医であり、ミュージシャンであり、作詞家です。『あの素晴《すば》らしい愛をもう一度』を作詞した人です。

北山さんは、大学時代、加藤和彦《かとうかずひこ》さんと共にバンドを結成し、それから40年以上盟友《めいゆう》でした。

加藤和彦さんは、62歳の時、身辺を整理し、遺書を残し自死しました。

たくさんの楽器や機材が置いてあったスタジオは、きれいに片づけられ、ただ、壁に一枚だけ、写真が貼《は》られていたそうです。それは、北山さんと共に結成した『ザ・フォーク・クルセダーズ』の若き日のコンサートの写真でした。

加藤さんを失って、北山さんは激しく落ち込みます。そして、「なぜとめられなかったのか」「自分に何ができたのか」を問い続けます。

北山さんは、今、「生き延びること」を主張しています。

どんなになってもいい、ヨロヨロになっても、ヨイヨイになっても、生きていればいいのだと。

『夕鶴《ゆうづる》』の例を北山さんはよく出します。最後、鶴に戻った「つう」は飛んで去っていく。物語的には分かるけど、でも、格好良すぎないか。さっと消えるのは美しいけれど、人生はそんなもんじゃないんじゃないか。

「つう」は、自分の羽を使い過ぎて、去ろうとしたのに飛べなくて、結局、また「与ひょう」の家に戻ってきて、そのまま暮らし続ける。居《い》続けること、格好良く去れないことの中にこそ、人生の真実があるんじゃないのか。そう、北山さんは言います。

これもまた、「どう老いるか」そして「どう死ぬか」の哲学の問題だと思います。パトリシアさん。長くなりました。「老い」は、そして「死」は人間にとって根本《こんぽん》的な問題です。哲学の、人生の根本問題はこれしかないと言ってもいいかもしれません。あ、「恋愛」も入れたいです。

なので、簡単に結論は出ません。

僕は、パトリシアさんが、「まだ小汚なくないうちにこのまま地震で死ぬのもよかろう」と思う心情は分かります。そして、それを選択する自由もあると思っています。ですから、パトリシアさん。「歳を重ねることに肯定的になるには具体的にどうすればいいですか？」と書かれていますが、それはつまり、「老い」をどう受け止めるのか、または、受け止めないのかを考えることだと思います。

「老い」は、考え方ひとつで肯定的になるようなものではないと思います。パトリシアさんが、「女流作家のように生き生きして、しっかりしている人」を嫌いと感じるのは、どこか無理や嘘臭《うそくさ》さを感じるからではないでしょうか。

または、自分自身はそうならないという予感かもしれません。希有《けう》な成功例を見ることへの嫌悪のような気がします。

「老い」は、間違いなくいろんな意味での「劣化《れっか》」だと思います。それも「死へとつながる劣化」です。

その冷厳《れいげん》な事実をどう受け止めるのか。

僕は父親の俳句がその具体的なきっかけでした。もちろん、それまで「死」については考えていましたが、「糞まみれ」の俳句は、「老い」とは何かを、「老い」をどう捉《とら》えるかを僕に突きつけました。

それはまず、糞を漏らす父親とどう接するのか、という問いかけでした。

そして、やがて自分がそうなった時には、どうするのかという問いかけに移りました。

自分はそれでも「居残った夕鶴のつう」のように生きていくのか。それとも、飛び去った「つう」のようにきれいにおさらばするのか。

もちろん、まだ結論は出ていません。ヨーロッパでは自分で選択する「安楽死《あんらくし》」の問題として多くの人が考えるようになりました。

僕はパトリシアさんと違って、まだ扶養《ふよう》家族がいて、会社の従業員もいて、きれいに去ってしまうと経済的に困窮《こんきゅう》する人が生まれるという心配が今はあります。それが、僕の「どう死ぬか」という思考をあるレベルで止めます。でも、「老い」は着実にやってきます。「どう老いるか」という思考は、突きつけられます。

パトリシアさん。僕が言えるのはここまでです。「どう老いるか」「どう死ぬか」は、一人一人、切実で特殊な問題です。僕には僕の、パトリシアさんにはパトリシアさんの個別の答えしかないと思います。

まだ52歳ですから、考える時間は充分あると思います。「どう老いるか」をゆっくりと考えてみてはどうでしょうか。それがそのまま、「年寄り」に対する態度へとつながると思います。

相談22

昨年出産した娘から連絡がこず、どうしていいか分からない毎日です

57歳・女性　山崎みさと

２人の子供がいる、離婚している57歳の女性です。24歳の娘の事で相談です。昨年男の子を出産しました。ＬＩＮＥをしても１か月も連絡がこなかったりします。同棲《どうせい》した時に妊娠はもう少し待ってねと言っていたのですが、昨年孫が生まれました。今まで問題がある時以外、いつも反対はしてきませんでした。ただ寂《さび》しさもあり、連絡がないなどの時に、私に世話になったのにそういうふうに返すのか、と言ってしまいます。

また、連絡がこないので娘の夫に対しＬＩＮＥや手紙を書いてしまいました。その結果、娘はＬＩＮＥに「おまえのせいで家庭がこわれた」とＬＩＮＥに返してきて以後、連絡はありません。私は自分でも人とのコミュニケーションがうまくない事はよ

くわかってるつもりです。でも、どうしたらいいのか、わからない毎日です。アドバイスをお願いします。

山崎さん。娘さんは、残念ながら母親であるあなたとコミュニケイトするつもりがないように感じます。

「同棲した時に妊娠はもう少し待ってねと言っていたのですが」と、さらりと書かれていますが、娘さんにとっては大変な言葉だったと僕は思います。

「今まで問題がある時以外、いつも反対はしてきませんでした」と書かれていますが、「問題がある」と判断したのは山崎さんですね。「問題がある時以外」という書き方は、「これは間違いなく問題」という断定を感じます。

「私が問題だと感じた時以外は」という言い方と「問題がある時以外は」という言い方の違い、分かるでしょうか?

前者は、「あなたは問題とは感じないかもしれないけれど、私はこれは問題だと思う」という客観性があります。自分の判断を振り返る余裕と言ってもいいと思います。

後者は、「これは問題なの。間違いなく問題なの」という断定と独断を感じるのです。そこには、会話はありません。

「私に世話になったのにそういうふうに返すのか」というのも、親が子供に絶対に言ってはいけない言葉だと思います。関係が終わる最後の最後に、捨て台詞《ぜりふ》として言うのなら分かりますが、「あなたとコミュニケイトしたい」と思っている親が言ってはいけない言葉です。

娘さんの夫に連絡するというのも、してはいけなかったと僕は思います。山崎さんと娘さんの問題なのに、そこに娘婿《むすめむこ》を巻き込んでしまったのです。

今後、娘さんに連絡を取ろうとしても、娘婿とは二度と連絡はしない方がいいでしょう。そうしないと、娘さんとは完全に関係が終わってしまうと思います。

さて、山崎さん。すみません。厳《きび》しく哀《かな》しいことばかり書いていますが、短い山崎さんの相談文章から想像できるのは、あなたと娘さんの関係は完全にこじれてしまった、ということです。

これ以上、娘さんに手紙を書いても、LINEの文章を送っても、娘さんが反応する可能性はものすごく少ないと思います。逆に、山崎さんが娘さんに連絡を取ろうとすればするほど、娘さんは頑《かたく》なになるだろうと思います。完全に逆効果です。

娘が母親になり、孫ができた。自分が手伝えること、アドバイスできること、助けられることがいろいろとあるはずだ、それが私の生きがいになると山崎さんは考えられたのだと思います。

その気持ちはよく分かりますが、娘さんはそれを必要ないと思ったのです。娘さんがそう思うようになったのは、山崎さんと娘さんの長い時間の結果でしょう。

それを、今から修復するのはかなり難しいと思います。

ですから、僕のアドバイスは、しばらく娘さんのことを忘れて、自分自身の楽しみを探しませんか？ということです。

山崎さんは、娘さんに連絡することを「寂しさもあり」と書かれています。娘さんによって、自分の「寂しさ」を紛《まぎ》らわせようとしたのですね。その気持ちはよく分かりますが、娘さんではなく、他の何かによって、「寂しさ」を紛らわせるのがいいと思います。つまり、積極的に何か楽しみを見つけるのです。

山崎さんは、57歳ですから、まだまだ若いじゃないですか。習い事でもいいし、趣味のサークルでもいいし、一人で楽しめることでもいいし、とにかく、娘さんとは関係のない楽しみを見つけるのです。

「私は自分でも人とのコミュニケーションがうまくない事はよくわかってるつもりです」と山崎さんは書いています。自分の娘だと、つい甘えて、言ってはいけないことを言う可能性が高くなると思います。でも、娘だからといって、許されることではありません。

新しい人達と新しい関係の中で、コミュニケイションをもう一度作っていくことが、コミュニケイションを上達させることにもなると思います。

何年先になるか分かりませんが、ずっと母親から連絡がなければ、そのうち、娘さんが心配して連絡してくるかもしれません。その時、上達したコミュニケイションでうまく会話できるかもしれません。

いえ、ひょっとしたら、何年経《た》っても、連絡はないかもしれません。

それは結果ですから分かりませんが、毎日、娘とどうやって連絡を取ろうかと悩み続けるより、新しい人達や新しい楽しみに出会って、新しい関係に悩む方が、はるかに前向きだし、精神的にも良いと思います。

　山崎さんの人生は、娘さんがいなくても充分可能性があるはずです。逆に言えば、娘さんと連絡が取れなければ無意味な人生だ、なんてことは絶対にないと思うのです。

　山崎さんの人生は山崎さんのものです。娘さんの存在が決めることではありません。

　苦しいですが、娘さんのことはいったん置いておいて、山崎さんの新しい楽しみを見つけてみませんか？

相談23

結婚当初から義父が、ペットボトル1つでも私に荷物を持たせる理由が知りたい

50代・女性　元気な主婦

はじめまして。鴻上さんのユーモア溢《あふ》れる優しい回答を目にし、ぜひ相談させて頂きたくメール致しました。私は所謂《いわゆる》長男の嫁、義父母はともに70代前半です。相談は義父の事なのですが、結婚当初から自分の荷物は全て私に持たせます。どんなに沢山《たくさん》でも重くても全部です。義母はもちろん、息子である主人にも義妹にも絶対持たせません。それこそ、ペットボトル1つ自分で持たず無言で私に渡します。主人は持病があるため頼む事も出来ずいつも私が全部の荷物を運びます。

嫌《いや》なわけではないのです、今現在持つ体力があるのですから。ただ、義父の心理が知りたいのです。その理由が腑《ふ》に落ちたら荷物運びも違う気持《きもち》で出来そうな気がするのです。義父よりはずっとお若いですが、男性である鴻上さんに義父の心理を推理し

てみて頂けないでしょうか？　お忙しい中些細《ささい》な問題で恐縮なのですが、よろしくお願いします。

…………

元気な主婦さん。じつは、元気な主婦さんの質問に答えるかどうか迷いました。

それは、僕の考える「義父の心理」が、元気な主婦さんを悲しませてしまうと思ったからです。

たぶん、僕だけではなく、元気な主婦さんの相談を読んで、「そんなの決まってるじゃないの！　ああ、腹が立つ！」と怒っている女性は多いと思います。

義父が「結婚当初から自分の荷物は全て私に持たせます。どんなに沢山でも重くても全部です」という理由は、元気な主婦さんを、一人の人格を持った女性とは認識していないからです。

では、なんだと思っているかというと、ただの使用人とか便利な奉公人《ほうこうにん》です。

びっくりしたでしょうか。

年配になればなるほど、こういう風に考えている男性は多いと思います。

日本の近代小説では、特に、農家に嫁入りした女性が、一人の人格を持つ女性とは認められず、無償《むしょう》の労働力としか思われてない描写が何度も出てきます。嫁という家族が増えたことを喜ぶのではなく、タダ（無料）の働き手が来たことを喜ぶのです。

そして、そう受け止めることを当然としているのです。

10年以上前、当時の厚生労働大臣が女性を「産む機械」と発言しました。人間ではない、という意識ですね。

この言葉も、「無償の労働力」の延長にある発想だと思います。黙って働き、跡継《あとつ》ぎを産む。それが仕事。人間としての尊厳《そんげん》とか尊敬は関係ない――こんな考え方です。

感謝の言葉ひとつなく、「ペットボトル1つ自分で持たず無言で」元気な主婦さんに渡すのは、対等な人間だとは思っていない証拠です。

元気な主婦さん。ここまで読んで、哀《かな》しい気持ちになりましたか？　それとも怒りですか？

もう少し話を聞いて下さい。

元気な主婦さんは、「お忙しい中些細な問題で恐縮なのですが」と書きますが、これは決して「些細な問題」ではないのです。

コロナ禍《か》で、外国から死者の少なさを聞かれた麻生太郎《あそうたろう》財務大臣は、「国民の民度《みんど》が違うから」と答えました。

この「民度」は、海外で報道される時に、直接の英語がないので、「国民の優秀性」とか「市民の文化的水準」とか「社会的マナー」などと訳されました。

「社会的マナー」が高いから、日本ではコロナ禍の死者が少なかったという説明です。

でも、日本に来る外国人がよく驚くのは、男性がパートナーである女性に荷物を持たせて、平気で街を歩いている風景です。

一度、知り合いのアメリカ人女性が、街で目撃した何組かの日本人夫婦の姿について興奮していました。

夫が妻に当然のように荷物を持たせた上に、お店に入る時に夫が先にドアを開けない、レストランで座る時に夫が椅子《いす》を引かない、この国のマナーはなんなのと。アメリカ人女性の怒りです。

日本が「社会的マナー」の優《すぐ》れた国だといっても、「女性に対するマナー」が優れているとは、多くの外国人は納得しないでしょう。

夫だけではなく夫側の家族には、妻を人格を持つ対等な人間ではなく、無償の労働力として見ている人達が多いということは、そのまま、「女性の地位」を示します。

世界の男女平等をランキングした「ジェンダー・ギャップ指数」では、２０１９年、日本は１５３カ国中、１２１位でした。この想像を超えた凄《すさ》まじさを、日本が本当の意味で大問題にしてないことが、事態の深刻さをはっきりと表しています。この国の権力を持っている男達は、この結果を深刻なことだと受け止めてないのです。

そして、家庭で権力を持っている男も、同じく気にしてないのです。

ですから、元気な主婦さん。元気な主婦さんの例は、決して些細なことではなく、

この国の「恥《は》ずべき典型」なのです。

これが、「義父の心理」について、僕が考えていることです。

どうですか？　元気な主婦さん。

「その理由が腑に落ちたら荷物運びも違う気持で出来そう」と書かれていますが、腑に落ちましたか？　そんなことはないですよね。これで腑に落ちたら、「私はタダの使用人扱いされて当然」と思うことですからね。

「嫌なわけではないのです、今現在持つ体力があるのですから」と書かれていますが、今相談しているということは、体力的にもきつくなる予感がしたんじゃないでしょうか。

それでも、腑に落ちないけれど、義父は変わらないから、義父を含めた夫の家族を変えるのも大変だから、今の現状を受け入れるしかない、と思いましたか？

僕は、ひとつ、心配になっていることがあります。

『ほがらか人生相談』には、「タダの使用人扱い」されている女性からの相談がよく寄せられます。

一番多いのは、年老いた義理の親の介護を、妻が一方的に押しつけられている例です。夫には、男性の兄弟がいるのに、嫁という理由だけで、介護することが当然と思われている、という例です。

昔から意識が変わってないのです。ずっと妻は「無償の労働力」だと思われているのです。

元気な主婦さん。荷物を持つことを当然と思われている長男の嫁は、やがて介護するのも当然と思われるだろうと、僕は予測します。

それも、どんなに世話しても、必死に介護しても、なんの感謝もなく、当り前だと思われる状況で、です。

今回、元気な主婦さんが悲しむかもしれないけれど、それでも相談に答えようと思ったのは、この可能性を伝えたいと思ったからです。

元気な主婦さんは、結婚当初からずっと荷物を持っているのですから、もう20年前後でしょうか。長い間、本当にお疲れさまでした。

夫の持病はどの程度のものですか？　少しも荷物を持てないレベルですか？

夫は話せる人ですか？　私は「タダの使用人扱い」されているんじゃないか。義父は私を独立した対等な人格としては見てないんじゃないか。あなたはどう思う、と聞けますか？

夫が味方になって、状況を理解してくれないと、元気な主婦さんの現在も未来も改善しないと思います。

ただし、20年近く、元気な主婦さんが重い荷物を持つことを夫はずっと見ていたわけですね。その間、このことについては夫婦では何も話さなかったのでしょうか。

元気な主婦さんは、義父母と同居ですか？　もし同居なら、義母はどんな人ですか？　義父にただ従《したが》う人ですか？　内心、同情してくれそうですか？　義妹は？　理解してくれそうですか？　義父母の世話や介護に対してはどう思っているようですか？

すみません。質問は、「荷物を持たせること」なのに、勝手にいろいろと心配しています。

僕の思いが杞憂《きゆう》、案じ過ぎであればいいと思います。

ただ、まだ体力がある元気なうちに、少しずつ周囲と話して、未来を見据《みす》えていくのがいいんじゃないかと、僕は思っているのです。

元気な主婦さんは、相談の文章からとても前向きな人のような印象を受けました。

人生をネガティブではなく、ポジティブに受け止めようとするエネルギーがあるように感じたのです。

ですから、余計なアドバイスまでしてしまいました。

もちろん、荷物だけではなく、世話とか介護のことを、夫や義理の家族と話すのは、大変なことです。この「対話」は、大変なエネルギーが必要です。

でもね、僕がこの連載で繰《く》り返し書いているように、「苦しんでいるのは自分だけじゃない」と分かると、人は少し楽になります。自分と同じ「タダの使用人扱い」されている問題に多くの人が悩み、必死に取り組んでいるんだと思うと、前向きの気持ちが生まれやすくなると僕は思っているのです。

とりあえず、夫と話してみませんか。「案ずるより産むが易《やす》し」という諺《ことわざ》もあります。元気な主婦さんの前向きなエネルギーで、いい方向にいくかもしれません。

とにかく、話してみること。すべては、そこから始まると思います。

相談24

実母、祖母は、世話焼きな反面、自分の価値観だけで物事を判断し、相手に押し付ける悪癖《あくへき》があります

31歳・女性　セナ

鴻上さん、こんにちは。ひとつ、私からも相談させていただけたら幸いです。

私の実母・祖母は健在ですが、お世話焼きな反面、自分の価値観だけで物事を判断し、相手に押し付ける悪癖があります。私は小さい頃から、友達付き合い、趣味、就職、結婚にいたるまで母に口を出され続けてきました（内容が理不尽《りふじん》で、「障害のある子と友達付き合いするな」「この業界に就職しろ」「この大学の人と結婚しろ」等）。私は猛反抗を繰《く》り返し、家を飛び出して母の意に反する就職・結婚をしましたので、母に人生を左右されたとは思っていません。母は自分が口うるさい祖母からそう育てられたのと同じように、娘に接したに過ぎません。

さて、今年、私は長い間の病気が完治して妊娠が判明しました。お腹の子はおそら

く女の子だとの診断でした。初めての我が子と会えるのが楽しみですが、同時に強く不安になります。それは、私も母・祖母のようになるのではないか？　よかれと思ってしたことが子供を縛《しば》り付けてしまうのでは？という不安です。私は負けん気が強かったため母にことごとく反抗できたのですが、私の妹は気が弱くて、独立するまで母の言うとおりに生きていたのです。妹はもう母から離れられたのに、泣きながら恨《うら》みつらみを私に電話してきます。

現在、祖母は母から疎遠《そえん》にされ、その母自身は娘二人から同じように距離を置かれています。私も将来、因果《いんが》のように娘を苦しめて、子供から見放されるのでは？と根拠なく考えてしまいます。私はこれから生まれる我が子に何を意識して接したらいいのでしょうか。この不安にどう立ち向かったらいいのでしょうか。

なにとぞよろしくお願いいたします。

セナさん。大変でしたね。『ほがらか人生相談』では、「毒親《どくおや》」に苦しめられ、いまだに関係を切れず、またはその傷が癒《い》えず、ずっと苦しんでいる相談がたくさん寄せられます。まさにセナさんの妹さんのようなケースです。

でも、セナさんは、母親とちゃんと距離を取れたのですね。その「戦い」は苦しかったでしょうが、結果としては、本当に良かったと思います。

さて、僕はセナさんの相談を読んで、じつは、あまり心配していません。

セナさんは自分の育てられ方、母親の影響、母親と祖母の関係を、ちゃんと距離を置いて客観的に見られていると感じるからです。

「私も将来、因果のように娘を苦しめて、子供から見放されるのでは？」と書かれています。

「因果」は怖い言葉ですね。なんだか呪術《じゅじゅつ》的というか、神秘的な力があるような気持ちがします。

でも、誤解です。そんな力はありません。

昔、科学が発達してなかった時代には、なんでもかんでも「因果」のせいにしました。何か理由が欲しかったんですね。

前世の因縁《いんねん》だの祟《たた》りだの、とにかく人間は納得できる理由が欲しいのだと思います。

でも、人間関係においてそんなものはありません。

あるとしたら、「無意識の思考習慣」です。

自分で自覚しないまま、一定のルールで思考を続けてしまう場合です。

僕はNHKのBS1で『COOL JAPAN』という番組を15年ほどやっているのですが、「日本人としての無意識の思考のルール」に気付いた時、ハッとします。

例《たと》えば、「どうして日本人は入社式をするの？」とか「どうして日本の学校では清掃を子供にやらせるの？」とか「どうして日本人は意見を言った後、無意味に笑うの？」という外国人の疑問です。

外国人が「職場で私に意見を言う日本人は、真面目《まじめ》なことを言った後に、突然、笑うんです。真剣な話をしているのにどうして？」と質問しました。

街でインタビューしてみると、日本人は意見を言った後、多くの人が笑います。

「給付金10万円もらったら、使い道は？」と聞かれて「えーと、旅行？　うふふ」とか「生活費！　あははは」とか「オシャレしちゃおうかなとか（笑）」など、とにかく、言葉の最後を笑いで終わらせる日本人がたくさんいました。

「どうして笑うんだろう？」と考えると、いろんな理由が浮かびます。

「意見を言うことに慣れてない」とか「単純に照れている」「人間関係のクッション」「自分に自信がない」とか、収録のスタジオではいろいろ出ました。

やってみると分かりますが、語尾の最後に笑いを入れると、断定を避けることができます。

「給付金10万円もらった感想？　もっと欲しい！　あははは」と言うと、「もっと欲しい」という断定を和《やわ》らげることができるのです。

どうして和らげる必要があるんだろうと考えると、対立を避《さ》けたいとか、意見に責任を持ちたくない、自信がないとか浮かびます。

唯一《ゆいいつ》の正解というわけではなく、人によってさまざまでしょう。

でも、「自分は意見を言った後、笑っている」と気付くことは、自分自身の「無意識の思考」を客観的に見ることができるようになるということです。

「無意識の思考習慣」を自覚すれば、もう無意識ではなくなるのです。

セナさんの「母親に対する意識」は、まさにその状態だと思います。

母親はセナさんに子育てのヒントと手がかりをたくさんくれたのです。こうしてはいけない、こういう言い方をしてはいけない、こういう接し方をしてはいけない――じつに明快なアドバイスです。

世間では、こういう人を「反面教師」と呼びます。

「反面教師」も、また教師です。してはいけないことについて、充分な手がかりをくれるのですから。

「反面教師」のアドバイスと「因果」なんていう意味不明の言葉は関係ありません。

よくあるのは、中・高校の部活動で、暴力的な指導をしていた先輩達が卒業した後、次に続く後輩が「俺達は、あんな指導はやめよう。部活は楽しくないと意味がない」と、ガラリと雰囲気を変える、なんてことです。

もちろん、「先輩達にいじめられたんだから、俺達も後輩をいじめよう」と、「負の遺産」を受け継ぐ人達もいます。

でも、それは選択であって「因果」なんて心霊現象みたいな言葉とは関係ありません。

もっとも、セナさんも分かっていると思います。

「因果のように娘を苦しめて、子供から見放されるのでは？と根拠なく考えてしまいます」と書かれているように、根拠なんかないんです。

祖母から母親へと受け渡された「負の遺産」は、断《た》ち切れます。親のマイナスを子供が必ず受け継ぐなんてことは絶対にありません。

母親を客観的に見られているセナさんですから、絶対に大丈夫、ちゃんとうまくできます。

将来、子供に腹が立ち、イライラして何かしそうになった時、必ず、それは「自分が母親からされて嫌《いや》だったこと」かどうか考えるのです。

そうすることで、セナさんは母親に植えつけられた「無意識の思考習慣」から自由になります。

「自分が母親からされた嫌なこと」ではない方法で、子供と接することを見つけ出して下さい。

自分なりの方法を見つけることは、とても楽しいことですよ。大丈夫。世の中には、子育ての知恵を満載した本がたくさんあります。子育ての先輩や友人からアドバイスをもらうのもいいでしょう。

きっとうまくいきます。

安心して、子育てに取り組んで下さい。セナさんが、新しい子育ての歴史を創《つく》るのです。

楽しくて、大変で、でも充実した日々が始まると思いますよ。

相談25

生きていくうえで、なにか夢中になれるものと出会うにはどうしたらいいでしょうか

33歳・女性　サンミー

生きていくうえで目標がなかなか見つかりません。何か夢や目標がない、と毎日が辛《つら》くなってきました。今年の2月まで大阪で働き、仕事を変わりたいと思ったのと、30代になったこともあり、学生時代以来の地元広島に戻り再就職をしました。ふらふらしているわけにもいかない、早く働かないとと思い、最初の面接で決めたのが今の職場です。コロナで仕事もないように思い、とにかく働かなくてはと慌《あわ》てるように4月から働きだしたものの、「これで生きていく！」というような気持ちになれず、仕事に身が入ってないように思えてきます。

現在独身で、母親と2人暮らしをしています。「人生これのために生きていく！」と思えるものがずっと欲しくて堪《たま》らないのですが、見つかりません。よく聞く、「こ

れがきっかけで○○に目覚めました」とか、「○○との出会いで人生変わりました」なんていう人達が羨《うらや》ましくて仕方ありません。なにか夢中になれるものと出会うにはどうしたらいいでしょうか。

……………

サンミーさん。サンミーさんの悩みは決して、特殊なものではないと思います。

人生で、夢中になれるものを見つけられた人はとても幸福ですが、それは簡単なことではないと思います。

サンミーさんの悩みを読んで、自分もそうだとうなづいている人は多いでしょう。

ただ、サンミーさんが書いている「なにか夢中になれるもの」と「生きていくうえでの目標」は微妙に違うのではないかと僕は思います。

「なにか夢中になれるもの」は、サンミーさんが書くように「『人生これのために生きていく！』と思えるもの」でしょう。

熱中というか情熱というか強いエネルギーを感じます。

でも、「生きていくうえでの目標」はもう少し理性的というか、冷静に捉《とら》えているイメージが僕にはあります。

もし、サンミーさんが「人生これのために生きていく！」という「熱狂」を求めているのだとしたら、いきなり出会うのはかなり難しいのではないかと思います。

もちろん、人生、何が起こるか分かりませんから、ある日、「これが私の生きている意味だ！」というモノか人物と衝撃的な出会いがあるかもしれません。

でも、こういう決定的な出会いは、努力すればいいってものでもなく、というかどういう努力をしたらいいかなかなか分からず、多くは運とか偶然が作用すると思います。

ですが、「生きていくうえでの目標」は、運任せではなく、探し、考え続けていけば、少しは何かが見えてくるような気がするのです。

サンミーさん。ですから、僕の提案は、「夢中になれる」という熱狂を求めるのではなく、「なんとなく好きなもの」を見つけることです。

サンミーさんの相談の文章を読むと、今、とても焦《あせ》っていて、「自分は何が好きか」という根本的《こんぽん》なことを無視しているような気がします。

心に余裕がないと、好きなこともやりたいことも見つかりませんからね。もしくは、とても焦っていると、「夢中になるぐらい好き」というハイレベルなものにしか反応しませんからね。

目標が「夢中」だと、ハードルが高くてなかなか見つけられないのではないかと思います。

ですから、「夢中」ではなく、「なんとなく好き」というレベルを探すことから始めるのがいいと思うのです。

「なんとなく好き」というレベルだったら、結構、見つかるんじゃないかと思います。

そのためには、とにかく、いろんなものに首を突っ込んで、体験したり、知ったり、調べたりすることをお勧《すす》めします。

どこにサンミーさんの「なんとなく好き」なものがあるか分かりませんからね。

そして、「なんとなく好き」なものが見つかったら、「何度もそれと出会う」ことを、とりあえずの人生の目標にしてみるのはどうでしょうか。

例《たと》えば、ぶらりと入ったライブハウスで「なんとなく好きなバンド」を見つけたら、そのバンドと月に何回か出会うために働こうという目標を見つける、ということです。

人生の目標を、「自分の好きなもの」と出会うことに決めて、仕事でそのためのお金を稼《かせ》ぐ、ということです。

「好きなことを仕事にできたら幸せ」という言い方がありますが、同時に「一番好きなことは仕事にしてはいけない」という言葉もあります。

僕が学生時代、大学の授業で刑法担当の教授が言ってました。一番好きなことは趣味として楽しむべきだ、仕事にしてしまうと、一番好きなことが好きでなくなってしまう、という意見です。

アメリカのノーベル文学賞受賞者の7割がアルコール依存症だというデータを、以前にこの連載で紹介しました。

「夢中になれるもの」を仕事にしてしまった結果、その状態を維持するために、アルコールに依存するようになったのではないかと思います。幸福なのか不幸なのか分からない状態です。

仕事と趣味を分け、趣味を一番にした結果、欧米では、成功したビジネスマンが早々に引退して、趣味の世界に生きるということは、珍《めずら》しくありません。

サンミーさん。どうでしょうか。とりあえずは「なんとなく好き」ということを探し始めてみませんか。

趣味はもちろんですが、仕事で「なんとなく好き」が見つかり、そして転職できればもちろん幸せです。

「なんとなく好き」な人と知り合い、友達として会話が始まれば、それも素敵《すてき》です。「なんとなく好き」が、やがて「夢中」になれば言うことはありません。

でも、そうならないかもしれません。「なんとなく好き」が「夢中」になるかどうかは結果です。

ならなかったとしても、悲しむことはありません。

「なんとなく好き」だけでも、充分、生きていく目標になると僕は思っています。「なんとなく好き」を見つけられることは、大切で愛《いと》しいことなのですから。

なにより、たった今から「なんとなく好き」なものを探すという人生の目標ができるのです。それは、とても素敵なことなんじゃないかと思うのです。

相談26

10歳の娘に徹底的に嫌われ、拒否され続けて、最近では会話もほとんどなくなってしまいました

43歳・男性　ふかちゃん

鴻上さんにどうしてもご意見をうかがいたくて、投稿します。自分は43歳になりますが、13歳の息子と10歳の娘がいます。その娘に徹底的に嫌われているというのが自分の悩みです。娘は小学校に入るころから、父親である自分が飲んだジュースの缶やコップに口を付けるのを嫌《いや》がるようになり、だんだん自分の隣《となり》や正面に座るのも嫌がるようになりました。家族4人で食事に出かけてテーブルに座る時は、必ず自分の対角線上に娘が座ることになっています。

家族で外出する時には、母親とは手をつないだり、べったり甘えたりしますが、自分には触らないどころか、できるだけ距離を取って離れようとします。何かの時に自分が娘の体に触ったりすると、「汚い汚い」と声を出して嫌がり、触られた部分をタ

オルで何度も拭いたりします。娘が水筒《すいとう》を忘れて学校に行こうとした時に、台所に置いてあった水筒を渡してあげたら、「自分で取るから触らないで！」と嫌がられたこともありました。

自分は通常のレベルでは清潔にしていますし、家内や息子との関係は良好で、職場でもそれなりに良好な人間関係を保ちながら働いていて、特に不潔だったり、不愉快《ふゆかい》な印象を周りに与えているわけではないと自分では思っています。知り合いと数人で出かけた時にも、自分のことを露骨《ろこつ》に嫌がる様子を見せるため、周りから「嫌われちゃってるの？」などと言われて、情《なさ》けなく、気恥《きは》ずかしい思いをすることもありました。最近では挨拶《あいさつ》したり話しかけたりしても、露骨に嫌そうな顔をしたり、返事を返してくれないこともあります。自分はこんなに他人から嫌われたことがなくて、寂《さび》しく思いますし、あまりに露骨な態度を取られるとイライラしたりもします。

自分は娘には通常のレベルで好意を持っていると思っていますし、父親として、娘の力になりたいとも願っていますが、このごろは自分の心の平穏を保つために、娘とできるだけ接する機会を減らして、会話も避《さ》けるようにしています。以前は積極的に他愛《たあい》もない話題を振ったりして、できるだけ接点を保とうともしていましたが、拒否

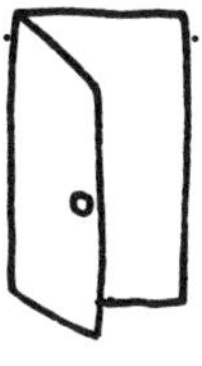

され続けて、最近では会話もほとんどなくなってしまいました。父親が娘に嫌われてしまうのはある程度仕方がないことなのでしょうか。このまま距離を取って、できるだけ接しないようにすることが最善なのでしょうか。自分はどのように振る舞えばよいのでしょうか。鴻上さんのご意見がぜひともいただきたいです。よろしくお願いします。

ふかちゃん。そうですか。嫌われてしまいましたか。「思春期の娘が父親を嫌う」というのは、ドラマもふくめてよく聞く話ですし、それを生物学的とか進化心理学的に説明する言葉もありますね。

それでも、10歳というのは早いですね。嫌われ始めたのが小学校に入るころということですから、とても早熟な娘さんなのでしょうか。

ふかちゃんとしては、ここまで嫌われる理由がまったく分からない、ということですよね。

「家内や息子との関係は良好で」と書かれていますが、奥さんに「どうして、ここまで嫌われるんだろう？」と聞いたことはありますか？

もしないなら、一度、聞いてみることをお勧《すす》めします。

もし、「あれが原因なのよ」と奥さんが教えてくれたら、事態は少し進展しますね。「あなたはいつも娘を否定していたでしょう」とか「娘に厳しかったから」とか、理由があればまだ納得できます。

でも、奥さんが「うーん。特別な理由はないと思う」とか「生理的なものかな。私にも分からない」と答えたとしたら——たぶん、こっちの可能性の方が大きいと僕は思います。具体的な理由があれば、少しは娘さんはそのことに関して言うと思いますから。

これといって特別な理由がないまま、ここまで嫌われているとしたら、僕のアドバイスは極めてシンプルです。

ふかちゃんが書くように「このまま距離を取って、できるだけ接しないようにすることが最善」だということです。

今の娘さんの状態だと、ふかちゃんが何か言ったり、接近したり、アクションを起こせば起こすほど、よけい、反発し、かたくなになり、心を閉ざすと思います。

これがドラマだと、お父さんがぶざまだけど一生懸命努力する姿を見せて、娘が心を開く、なんて展開になります。

矢口史靖《やぐちしのぶ》監督の快作『サバイバルファミリー』も、嫌われたお父さんが非常事態の中でがんばり、娘との関係を取り戻す映画でした。

ですが、それはなにか特別なこと、『サバイバルファミリー』では、「世界から電気が消える」なんていうものすごい設定がないと難しいと思います。

日常生活の中で、無理して娘さんの心を開かせようと思って接近したら、ますます関係はこじれ、家庭は荒れ、息子さんや奥さんとの関係も悪化させる可能性があると、僕は思います。

とくに娘さんは、これから本格的に思春期に入っていくのです。こじれ方もそのパワーも、ますます、強固《きょうこ》になっていくでしょう。

ふかちゃんは、「自分はどのように振る舞えばよいのでしょうか」と書かれていますが、とにかく距離を取って、接しないことをお勧めします。なるべく顔を合わさず、話しかけることもなく、たとえ誕生日でも声をかけず、とにかく、離れるということです。

でもね、ふかちゃん。

これは娘さんを諦《あきら》めろとか忘れろということではないのです。

「理由なく嫌われる」というのは、じつは、希望です。特定の理由で嫌われるのではなく、「理由なく嫌われる」のなら、やがて、「理由なく好《す》かれる」という時期が来る可能性があるからです。確固たる理由ではなく気分なら、気分は変わるかもしれない、ということです。

待ちましょう。

同じ屋根の下に住んでいながら、うまく距離を取って、ぶつからず待つのは大変ですが、待ちましょう。

どれぐらい待つのか？　それは誰にも分かりませんが、最低でも数年から十数年の間でしょうか。

「そんなに!?」と声が出ましたか？　僕の予想だと、10年くらい、娘さんが二十歳になるぐらいがひとつの目安じゃないかと思っています。

でね、ふかちゃん。落ち込んでるかもしれないんだけど、続きを聞いて下さい。

ただ待つだけじゃないんです。一番大切なのは、「待ち方」なんです。

待とうと決意しても、娘さんが思春期に入り、態度がとんがってくると、無視しようとか、距離を取ろうとしても、つい気になって、ムカッときて、こっちがこんなに歩《あゆ》み寄っているのにその態度はなんだと、怒りそうになってしまう時が来ると思います。

何年待っても、「そんなに俺を嫌うのなら、俺も嫌いになってやる」という考えにだけは、絶対になってはいけないのです。

待つ時間があまりに長いと、あまりに哀《かな》しくて、「誰のおかげで大きくなったと思ってるんだ」とか「大学に行く金は出さん」なんて言ってしまいそうになるかもしれません。

でも、ダメです。もし、そう言ってしまったら、将来、娘さんと関係が修復できる可能性は限りなく低くなると思います。

「嫌われるのがつらいから、自分も相手を嫌いになる」というのは、ある意味、人間の自然な感情です。

でも、その自然な感情を、父親として乗り越えて下さい。苦しいでしょうが、未来を信じて待つのです。

大きな気持ちで、娘さんを愛し続けて下さい。

娘さんは、ふかちゃんが父親だから、こんなに嫌うのです。他人だったら、普通に接しているはずです。

つまり、父親と娘なのです。つながっている、ということです。

今、娘さんはそのつながりが嫌なのです。

やがて、つながりが嫌いじゃなくなる日が来ることを期待して、でも、期待しすぎないで、心の奥底で娘さんをしっかりと愛しながら、待つのがいいと僕は思います。

娘さんが高校を卒業して、大学に行くか就職するか、とにかく、家を出る時が変化のタイミングです（経済問題もあるでしょうが、娘さんが家を出た方が、良い結果になると僕は予想します）。

娘さんが具体的に家を出て、ふかちゃんと離れ、一人になって「私はどうして、こんなに父親を嫌っているんだろう」と自問する時を待つのです。

僕の知り合いでは、「独《ひと》り暮らし」「結婚」「子供」ときっかけは違いますが、親と子供の関係を修復した例があります。

ふかちゃんが完全に距離を取り、接しなくなることで、場合によっては、娘さんは10年ではなく数年で変化するかもしれません。それは分かりませんが、ちゃんと娘さんを愛しながら待っていたら、その変化に気付くはずです。

娘さんを完全に嫌いになってしまったら、その変化を見逃す可能性があるのです。ある日突然、娘さんが小さな声で「おはよう」と言ってくれる日が来るかもしれません。待つことに疲れ、嫌っていたら、優しい言葉を返せません。

幸い、ふかちゃんは、奥さんと息子さんとは良好な関係なのです。

その関係を大切にしながら、焦《あせ》らず、大人の気持ちで、娘さんが変化する日を待ってみるのはどうでしょう。

時間はかかりますが、僕は、現時点ではこれが一番可能性がある方法だと思っているのです。

ふかちゃん、待つことに疲れないで下さいね。

相談27

最近、創作物を見ることが素直に楽しめなくなってきました

30歳・女性　頭痛もち

鴻上さんはじめまして。いつも連載楽しみにしています。私はネットで、イラストや小説を見るのが好きです。でも最近、創作物を見ることが素直に楽しめなくなってきました。以前一度だけ、自分でも小説を書いて、人に送ったことがあります。（誰かのイラストに誰かがショートストーリーをつけるというタグがTwitterで流行《はや》っていたので）初めてのやりとりだったにもかかわらず、その方は温かい言葉で、私が文中で意図している内容も丁寧《ていねい》に汲《く》み取ってコメントしてくれました。それを機に創作を続けられれば良かったのですが、それだけで気力が燃え尽きてしまいました。

その小説は、千字ちょっとの文章だったのですが、書いていても頭がカチカチになるばかりで全く進まず、同じところをぐるぐる推敲《すいこう》ばかりして、もうこれぐらいにし

よう、と思うまで一カ月もかかってしまいました。その最中、意味わかんないこと書いてないかな、とか本当に面白《おもしろ》いのかな、など常に不安がつきまとっていました。自分の話が面白いか不安なので、自分が面白いと思ったマンガを、小説として書く練習をしてみたこともあります。話の展開や、会話のリズム、情景や小道具での伏線《ふくせん》の張り方などを感じれば感じるほど、やはり自分には無理な芸当だと思ってしまいました。

こういうものが面白いかも、と思ってメモ書きし始めても、すぐにつまらないと思って飽《あ》きてしまいます。それだけでなく、他の人の書いた小説にまで生意気にも、私ならこう書くのに、などと批判的に見てしまったりします。理想が高すぎるというのもあるのかもしれませんが、自分がそっち側《がわ》の人間ではない（創作に喜びをほぼ感じることができない。他の人にできることが自分にはできない）、と気づいてしまったとき、どう折り合いをつければ良いか、教えて欲しいです。

頭痛もちさん。いや、困ったペンネームですね。繰《く》り返すと、どんどん頭が痛くなってきそうで困ります。

ですから、頭痛をとって、もちさんと呼びますね。

もちさんの悩みは、じつは、創作を志す人間がほぼ例外なくぶち当たる、普遍的な悩みだと僕は思います。

創作へのスタートは、「読書が大好き」ですね。

熱心な読者は、読書を続けるうちに二つに分かれます。

読者であり続けることに幸せを感じる人間と、自分も書いてみたいと思う人間です。

それは、どれぐらい好きかとは関係ないでしょう。

サッカーが大好きでずっと見ていたいと思う人と、大好きだから自分でもやってみたいと思う人の違いは、「自分にできると思う」かどうかでしょう。

どんなに一流のプロリーグに憧れても、自分にできると思えなければ、始められません。そう思えるかどうかは、試合やテストなどで現実が教えてくれるでしょう。

自分にできると思えなければ、次に考えるのはそもそも「やることが好き」かどうかです。

もし、「やることが好き」という思いが強ければ、プロリーグは無理でも、例えばアマチュアの草サッカーを選ぶでしょう。

でも、人によっては、プロリーグの夢が破れたことで、サッカーそのものと縁《えん》を切ろうとする人もいるかもしれません。自分が納得できない形でサッカーとは関わりたくない、という人達です。

サッカーを拒否する気持ちとサッカーが好きだという気持ちを天秤《てんびん》にかけて、どっちを選ぶか、ということです。

もちさんは、「他の人にできることが自分にはできない」と書きますが、どれぐらいの人を「他の人」だと想定していますか？

文章を読んでいると、もちさんは作品への肥《こ》えた目を持っているので、プロリーグの人達と自分を比較しているんじゃないかと感じます。

とすれば、プロリーグの人達の作品と比較して、アマチュアであるもちさんが、落ち込んだり、創作が嫌《いや》になるのは当然のことです。

「理想が高すぎるというのもあるのかもしれませんが」と曖昧《あいまい》に書かれていますが、理想が高すぎます。

まるで、中学のサッカー部の少年が、Jリーグの選手を見て、「ダメだ！　俺にはあんなことはできない！　俺は最低だ！」と言っているようなものです。

そんなことを言われても、自分の作品は面白くないんだもの、と思ったでしょうか？

もちさんは、「自分の話が面白いか不安なので」と書きますが、プロ・アマ問わず、自分の作品を無条件で「これ最高！　超面白い！」と言える人は、ちょっとどうかしてると思います。

創作は常に不安なものです。

自分で作ったわけですから、自分で予想もつかない展開だ、なんてことは基本ないです。唯一《ゆいいつ》、登場人物が作者の意志を無視して動き出した時には、そんな興奮もありますが、それはとてもラッキーな場合です。

あーでもないこーでもないと悩んでいるうちに、何が面白くて何が面白くないか、本当に分からなくなってきます。

でも、他人が創作したものは、新鮮です。常に予想のつく展開の作品は退屈に感じますが、自分ではなく他人が書いたというだけで、面白さは倍加《ばいか》して感じます。

そして、読むことが大好きだと、どんどん名作を見つけ、ますます目が肥えていきます。

批評眼がどんどん鋭《するど》くなってきます。

自分の創るものに、自分が片《かた》っ端《ぱし》から批評していきます。それは、本当に苦しい道です。いったい、何が楽しくてこんなことを続けているんだと自問するようになるのです。

で、結局は、「やることが好き」かどうかにたどり着くのです。

創作が好きかどうか。それしか、この苦しい道を歩き続ける動機はないのです。

たまに作家志望なのに小説をまったく読んでない人がいたりします。小説を読むことが好きじゃないのに、どうして作家を目指すんだろう、どんな動機なんだろうと不思議になります。

お金とか名誉なんて抽象的な理由では、創作の道は歩けないのです。たぶん、他のジャンルもみんなそうだと思います。サッカーに興味がないのに、プロリーグのサッカー選手になれる、なんていう奇跡はないのです。

先月、アメリカのノーベル文学賞を受けた作家の7割がアルコール依存症だというデータを紹介しました。好きで始めたことでも、続けることがどれほど苦しいかということを示していると思います。

さて、もちさん。

ですから、自分の書いたものが自分にはつまらなくて、面白いかどうかよく分からず、書くということは疲れや眠気《ねむけ》、腰痛《ようつう》と戦いながら、一日何時間パソコンに向かえるかという、頭脳労働の前に肉体労働で体力勝負だということは、創作を目指す人達が共通して経験することです。

それでも、書き続けるか、それとも、あんまり苦しいからやめるか。

僕はもちさんの「創作に喜びをほぼ感じることができない」という文章の「ほぼ」にこだわってしまいます。

少しは喜びがあるけれど、自分が満足する水準では全然ないから、結果として嫌いになるということなら、つまり、プロリーグを想定して創作に苦しむのなら、意味のない苦しみだと思います。

いきなり、プロリーグに行く人はいないのです。

創作はなんだかセンスみたいに思われていますが、スポーツと同じく、まずは基礎体力や技術が必要です。そして、技術を習得するためには、これもスポーツと同じで時間がかかるのです。

文章表現は、書けば書くほど水準が上がり、書かなければあっという間に下がります。

世界的バレリーナの森下洋子《もりしたようこ》さんの有名な言葉があるじゃないですか。

「1日怠《なま》けると自分に分かり、2日怠けるとパートナーに分かり、3日怠けると観客に分かる」

まあ、創作は1日はオーバーでしょうが、1週間で自分に分かり、3週間で読者が分かるほど、文章の水準は落ちると僕は思います。

でね、もちさん。

創作において、とても重要な技術のひとつは、「自分の作品をどれだけ客観的に見られるか」ということです。

書いてる最中や書いた直後は無理ですよ。執着《しゅうちゃく》した作品には愛憎半《あいぞうなか》ばして、とても客観的には見られません。

最低でも数日間置いてから読み返すとか、誰か信頼できる人に感想を語ってもらうとか、とにかく作品とくっつきすぎた距離を離すことが必要です。これもスポーツと同じで訓練です。

でも、どうしても客観的になれない人もいます。愛憎半ばする感情に振り回されて（または、自分の作品が好きすぎて）冷静に作品を分析・評価できないのです。

そうすると、作品が発展・進化することはありません。

でも、それは意味のないことなんでしょうか？

ここでまた、話は「やることが好き」かどうかに戻ってくると思うのです。

自分の作品を客観的に見られなくても、「やることが好き」なら、どんどんやればいいのです。サッカーが大好きだから、仕事より熱心に草サッカーをしている人は、それで幸せなのです。その人に向かって「プロになれる技術もないくせに」と言うのは、意味のないことです。

だからね、もちさん。

草サッカーレベルは意味がないと思えば、やめることだし、とにかくボールを蹴《け》っていれば幸せなのと思えれば、続ければいいと僕は思います。

「自分がそっち側の人間ではない、と気づいてしまったとき、どう折り合いをつければ良いか、教えて欲しいです」と、もちさんは書かれていますが、まず、「そっち側」とはどんな側で、そこで何をしたかったのかを確認することをお勧《すす》めします。

そして、戻ってくるのはやっぱり、「やることが好き」かどうかです。どんな状態でも「やることが好き」なのか、ある一定の条件をクリアしないと「やることが好き」になれないのか。そもそも、どんな条件でも「やることが好き」ではなくなったのか。

折り合いをつける前に、じっくりと考えてみてはどうでしょうか。

相談28

夫が自室にこもり家族との接触をしない真意はどこにあるでしょうか？

38歳・女性　ジャム

夫が自室にこもり家族との接触をしない真意はどこにあるでしょうか？　鴻上さん、男性の気持ちを教えていただけないでしょうか？

結婚して約10年、二人の子供にも恵まれました。共働きで助け合いながらやってきましたが、度重《たびかさ》なる衝突から、2年ほど前から溝《みぞ》が深くなりました。それでも関係を改善しようと夕食時には声をかけたり、外食やお出かけに誘ったりしてきましたが、踏《ふ》みにじるような暴言をはかれました。

それから夫は自室にこもって仕事と自分の趣味で外出する以外は出てこなくなりました。外出時も、私がリビングにいる間は準備に出てこず、いないタイミングを見計《みはか》らって部屋から出てきます。こんな姿をいつまでも子供たちに見せるわけにもいかず、

何度か話し合おうと試《こころ》みましたが黙ったままです。

また夫自《みずか》ら家を出る宣言をしていましたので、いつ出るのか確認しても、その時期を過ぎてもこもったままです。自宅において自分の好きなタイミングで何かをできない状態は自分なら嫌《いや》だと思ってしまうのですが、どういう心境で続けられるのでしょうか？

離婚を考えています。どうかよろしくお願い致します。


…………………………………

ジャムさん。大変ですね。ジャムさんの相談を読んで、「ああ、私のパートナーもそうなんだ」と思っている人は少なくないと思います。
関係がはっきりと壊れていく時は、ドラマのような「ののしりあい」「つかみあい」「口論《こうろん》」ではなく、「沈黙」「無視」「コミュニケイションの遮断《しゃだん》」が特徴なんじゃないかと僕は思っています。
ぶつかるということは、お互いがまだお互いを理解したいと思っているということですからね。
「あなたを理解したくない」「あなたとコミュニケイションしたくない」という気持

ちの一番分かりやすい表現が「パートナーと口をきかない」です。

でもそれでは事態は何も変わらないんですよね。

結婚生活は二人で作り上げるものなのに、どちらか片方がコミュニケイションを遮断してしまったら、そこで機能停止に陥《おちい》ります。

機械なら「止まった」ですみますが、人間は生きているわけですから、止まった状態に居《い》続けることは不可能でしょう。

前にも後ろにも動かない今の状態が耐《た》えられないジャムさんの苦しみは当然だと思います。でも、ジャムさんの夫は、「止まった」ままの生活を続けているわけです。

ジャムさんは、「男性の気持ちを教えていただけないでしょうか」と書かれていますが、「コミュニケイションを遮断する」ことと、性別とは関係ないと僕は思います。

男であろうが女であろうが、コミュニケイションを遮断して、止まったままの人はいると思っているのです。

「そんなことしても、何にもならないじゃないか」とジャムさんは思いましたか？

その疑問はもっともだと思います。

これはまるで、関係がこじれて戦場のようになってしまった家庭で、ずっと耳をふさいでうずくまっている状態です。

たまに戦争映画で出てきます。ものすごく繊細《せんさい》なのか、それとも臆病《おくびょう》なのか、精神を病《や》んでしまったのか、怖くてたまらないのか、あきらめてしまったのか、戦場の鳴り響く砲弾や銃声の下で、じっと耳をふさいでうずくまる兵士の姿です。

女性もたまに出てきます。敵が迫《せま》っていて、戦うか逃げるか判断しなければいけないのに、日常生活を黙々と続けようとする人です。

主人公は、こうなった人達に対して、「逃げるか戦うか」と叫《さけ》びます。

その言葉を受けて、どちらかに動いた人は助かりますが、助言を無視してじっとうずくまったままだったり、日常生活を続けている人は、たいてい敵に殺されるのが定番ですね。

戦争なら無理もないと思います。ものすごく怖いんでしょう。実際に、アジア・太平洋戦争でも、精神を病んだ兵士が大量に生まれました。

でも、結婚生活では、耳をふさいでうずくまってしまうと、パートナーが困ります。

コミュニケイションがうまいということは、「誰とでも簡単に友達になれること」

ではなく「ものごとがもめた時になんとかする能力があること」だと僕は言っています。

怒鳴《どな》って、罵《のの》り合って、それでも「前に進むか、後ろに戻るか」を決めることが、コミュニケイションなのです。

夫婦のことは夫婦にしか分かりませんし、当事者同士でも解釈とか意見が違いますから、どっちが悪いとか、何が明確な原因だとか、なかなか言えないものです。

そこを追求していくと、ますます、関係はこじれます。

でもだからといって、耳をふさいでうずくまっているだけでは、夫も妻も前にも後ろにも進めないのです。

そして、ただ苦しむのです。

関係が破綻《はたん》しているとしても、かつては愛し合った相手でしょう。

幸福を願った相手でしょう。

心を閉じてうずくまっている場合じゃないと僕は思います。

ジャムさんは立派だと思います。

「関係を改善しようと夕食時には声をかけたり、外食やお出かけに誘ったり」してきたのですから。

でも、「踏みにじるような暴言をはかれ」たんですよね。

ジャムさん。

このままの状態が続いていいわけがないと僕も思います。「離婚を考えている」と書かれていますが、最後に一回、夫と話すことをお勧《すす》めします。

単に「ちゃんと話し合おう」だと夫はうずくまったままかもしれません。

そうではなくて、「これからどうするか、最後の話し合いをしませんか」と提案してみるのはどうでしょうか。

それでも、うずくまったままなら、離婚の準備に入るしかないと、悲しいですが思います。

ただ、うずくまった夫がぽつぽつと胸の内を話し始めたら、たとえ離婚になったとしても、意味はあると思います。子供のこともありますからね。最悪の別れ方は避《さ》けられるということです。

もちろん、ぽつぽつ話す中で、なんとか妥協《だきょう》できる関係が見つかれば素敵《すてき》です。

期待せずに、最後の話し合いをするのがいいと思います。

どんな結果になっても、夫がこんな状態でも、コミュニケイションをあきらめないジャムさんなら、きっと、新しい人生を切り拓《ひら》いていけるんじゃないかと思います。

しんどいですが、がんばって話してみて下さい。

相談29

ルサンチマンしか行動のモチベーションにできない自分がどうしようもなく不甲斐《ふがい》ない

24歳・男性　ナニモノ

今年4月から新社会人になる者です。

ご相談したいのは、生きていくモチベーションをどうやって生み出せばよいのかということです。

コミュニケイションが苦手な私は、小・中・高でいじめやいじりに遭《あ》うことが多く、大学4年生となった今でも友達はほとんどいない、孤立した日々を送っています。

行動面では発達障害的な特性（精神科医の診断を受けました）を持っていて、人と違う行動を取りがちなところをよく馬鹿《ばか》にされたり、「何を考えているのか分からない」と言われて敬遠《けいえん》されたりしています。

こうしたことから、就活に際しては「今まで自分のことを見下してきた奴《やつ》らを見返してやる！」という思いを胸に、出版社や大手金融機関、中央省庁を回ったのですが、就活留年までしてもどれもうまくいかず、結局小さなＩＴ企業に就職を決めました。

正直、私はやりたいことや好きなこと等の欲望がとても薄く、就活でも「見返してやる！」という以外に積極的な目標を見いだすことができませんでした。

そのたった一つの目標も叶《かな》わないことが決まった今、何をモチベーションにして生きていけばいいのか分かりません。

コミュニケイションが苦手でモノ・コトに対する欲望が薄い私には、対人関係や趣味等で日々の生活を彩《いろど》っていくということが全く想像できません。

また、「世界は広い」とか「可能性は無限大」等と言われても、どうしてよいのか分からないのです。

「世界は広い」と言われて救われる人というのは、自分の欲望に基づいてその「広い世界」を有限化できる人だと思います。

高学歴の元大企業正社員たちが語る「これからの時代は学歴や会社の看板は意味がない！」という類《たぐい》の言説を聞いて心を荒《すさ》ませていく人生は嫌《いや》だし、何より、こうしてルサンチマンしか行動のモチベーションにできない自分がどうしようもなく不甲斐な

いと思っています。

どうすれば、積極的な意志によって「生きていこう」と思えるようになるのでしょうか？

まとまらずに申し訳ございませんが、お答えいただけると幸いです。

ナニモノさん。ナニモノさんの「ルサンチマンしか行動のモチベーションにできない自分がどうしようもなく不甲斐ない」という考えはとても素敵《すてき》だと思います。

こうやってちゃんと自分を分析できているナニモノさんは、とても聡明《そうめい》な人です。

僕はナニモノさんの相談を読んで、「出版社や大手金融機関、中央省庁に採用されなくてよかった」とさえ思いました。

だって、「見返してやる！」という気持ちだけで就職したら、ナニモノさんの性格から考えて、大変なことになっていた可能性が高いでしょう。

さて、ナニモノさん。ナニモノさんの文章を読んでいると、とても焦《あせ》っているように感じます。

就職の時期が来たのに、「何をモチベーションにして生きていけばいいのか分かりません」という状態が許しがたいのでしょう。

でも、何を人生の目標にしていいか分からない20代なんて、普通のことだと思います。

もちろん、早くに「シェフになりたい」とか「お金を稼《かせ》ぎたい」とか、人生の目標を決められる人もいます。でも、同時になかなか決められない人もいます。

日本は「新卒一括《いっかつ》採用」という、世界に例のないシステムで成立している社会です。大学を出る時には、就職する会社をちゃんと決めて、その会社が人生の目標と密接につながることが望ましいと思われている社会です。

もちろん、3年でやめる若者や転職する人達が多くなってきましたが、まだまだ、旧来の（終身雇用とか大企業優先の）労働観で就職を考える親御《おやご》さんは多いし、流動的な社会とは言えません。

でも、僕の知り合いの外国人達は、大学を卒業しても「まだ自分のやりたいことが分からないから、ちょっと、旅してくる」と言って、何年も世界を回る、なんて当り前にします。

だって、自分のやりたいことが分からないんだから、無理になにかをしてもうまくいくはずがないのです。

これがコロナ禍《か》じゃなかったら、僕はナニモノさんに、今すぐ海外に旅に出たらどうですか？と言ったと思います。

日本でも「習い事を始める」とか「資格を取る」とか「趣味のサークルに入る」とか、自分の世界を広げる方法はあるのですが、これは興味がないとなかなか始められません。

でも、「海外に一人旅に出る」は、とりあえず出てしまえば、何かに出会います。

ナニモノさんは、「『世界は広い』とか『可能性は無限大』等と言われても、どうしてよいのか分からないのです」と書きますが、「世界は広い」を実感するのは、簡単なことです。世界に出て行けばいいのです。

「コミュニケイションが苦手でモノ・コトに対する欲望が薄い」という人はたくさんいると思います。

モノ・コトに対する欲望が薄いのは、ナニモノさんを刺激するモノやコトに、ナニモノさんがまだ出会ってないからとは考えられませんか？

見える範囲の中で出会うモノやコトは、ナニモノさんを刺激しなくても、世界に出て行けば、ナニモノさんの想像を超えるものが存在していると僕は思います。そんなものが存在しないほど、世界がつまらないはずがないと思うのです。

また、世界には、ナニモノさんと同じぐらいコミュニケイションが苦手で、でもナニモノさんと気が合う人がいる可能性があります。世界は、そんな可能性がないほど貧しくもないと思うのです。

今はコロナ禍です。ちょうど、ナニモノさんはIT企業に勤《つと》めます。1年か2年か、コツコツとお金を貯《た》めて、また、私達が海外に自由に行ける日が来たら、世界に向かって旅立ってみませんか？

あ、できれば英語の勉強を続けておくことをお勧《すす》めします。

自分を刺激するモノやコトがなければ、探しに行く。シンプルだけど、有効な方法だと僕は思っています。

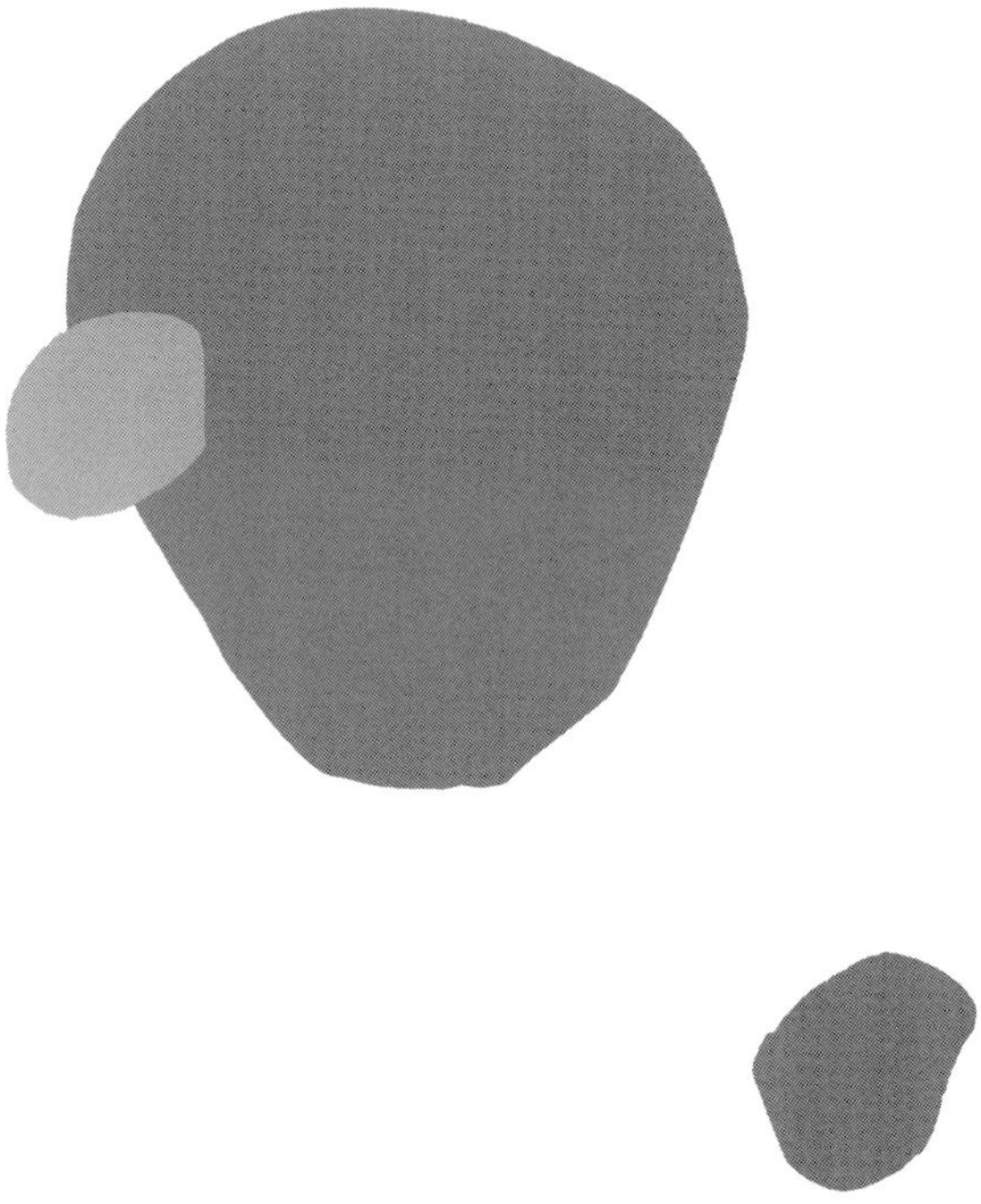

あとがきにかえて

これで「ほがらか人生相談」は三冊目です。

以前は、担当編集者が選んでくれた相談の中から答えていたのですが、しばらく前から送られてくるすべての相談に目を通しています。

全部の相談に答えられないので、せめて、送られてきた相談はすべて読みたいと思ったのです。

毎月、だいたい40から50ぐらいの相談が送られてきます。

そのうち、回答できるのは多くて4つ、たいていは3つです。

二冊目の『もっとほがらか人生相談』の「あとがきにかえて」で書き

ましたが、なるべく違う種類の相談に答えようとしています。

つまり、どんなに深刻だったり、切実だったりしても、一度答えた相談と内容が似ている場合は、申し訳ないのですが、一冊目か二冊目の相談の回答を読んで欲しいと思っているのです。

「毒親《どくおや》」に関する相談はたくさん来ます。今回は、いろいろと答えました。これからも来るでしょう。

けれど、パターンが似ている場合は、申し訳ないのですが、他の相談を答えた方がいいと思っています。

似ている内容だと、僕のアドバイスも間違いなく似てくると思っているからです。

毎回、「毒親の元を一刻《いっこく》も早く離れた方がいい」と書くことと、まだ答えてない他の種類の相談に答えることを天秤《てんびん》にかけて、なるべく違う相談に答えることを選びたいと思うのです。

それでも、相談者さんの「なんとかしたい」という思いが強く、切実で、切羽詰《せっぱつ》まっている場合は、心底《しんそこ》、答えたいと思います。

でも、ページ数には限りがあるので、似たような相談は避《さ》けるしかないと、残念ながら思うのです。

もちろん、違う種類の相談の場合でも、やっぱりページ数に限りがあるので、すべてを答えることは不可能です。

僕のパソコンには、答えられないまま、ずっと残している切実な相談がいくつもあります。

「今月こそはこの相談」と思いながら、新しく送られてきた切実な相談に答えているうちに、今までの相談がたまっていくのです。

ただ、「悩むことが目的」と感じられる相談は、あまり答えたいと思いません。

「悩むことが目的」というのは、誤解を受けそうでうまく言えないのですが、「問題点は分かっている。何をすればいいかも分かっている。でも、私はできない人なの」ということを認めて、そこで止まっている相談です。

「どうしたらいいの!? 全然、分からない! この事態をなんとかしたい！　変えたいんです！　教えて欲しい！」という相談は、答えたいと思います。

「原因は分かっている。やることも分かっている。でも、私はできない人なの。それが許せない！　どうして私はやらないのだろう！　やりたい！」という相談にも答えたいと思います。

でも「私はそういう人なの。やらないの。ダメなの。それが私なの。そういうものなの」というスタンスの人には、あまり答えたいと思わないのです。

なんだか、夜、居酒屋で相談を受けて、真剣に話した後に「そうなのよね。それが一番いいのよね。分かってるの。でも、あたし、できないのよね。あたしってそういう人なのよね。あーあ。ホントに私ってダメ」って答えられて終わるような場合と似ています。

「そうか！　やっぱりそれよね！　よし！　なんとかする！　なんとかならないかもしれないけど、なんとかやってみる！　失敗したらごめんね！」という人だと「失敗したっていいじゃん。やるだけやれたら素敵《すてき》だよ」と言えるのです。

「夜、居酒屋で不安を語り、変わらない自分を確認する」というのは、気持ちは分かりますが、それは一人、自分の部屋でやることで、誰かを巻き込むことではないと思うのです。

もしくは、そう思っている同士で語るものだと思います。

僕は一冊目の「あとがきにかえて」で書いたように、演劇の演出家として、俳優やスタッフの多くの相談に乗ってきました。彼ら彼女らは、みんな、「今の自分をなんとかしたい」「この仕事をうまくやりたい」という気持ちに溢《あふ》れていました。だから、僕もとことん相談に乗れたし、まったく苦痛ではなかったのです。

もし、俳優やスタッフが「私は変われないの。それが私なの。私はダメなの」という所で止まっていたら、残念ながらとことんつきあうことはなかったと思います。

二十代からずっと僕が言い続けたことは、「考えること」と「悩むこと」を分けるということでした。

「考えること」を30分でも続ければ、とりあえず、やるべきことが浮かびます。有効じゃないかもしれないけれど、とりあえずやってみる何かは浮かびます。

でも、「悩むこと」は3時間続けても何も浮かびません。ただ、同じ所を堂々巡《どうどうめぐ》りして、時間だけが過ぎていくのです。

悩みをなんとか「考えよう」としている人は心からがんばれと思います。そして、僕に何ができるかと考えます。

でも、悩みをただ「悩んで」いて、決して「考えよう」としない場合は、僕にできることはないと感じてしまうのです。

というわけで、もともと、1年の約束で始めた連載なのですが、1年がたって一冊の本になり、今回、なんと三冊目が出ることになりました。

いろいろと答えても、まだまだ、いろんな相談が来ます。悩みの数は人間の数だけあるのでしょうが、種類もまた、とても多いのだなと思います。

いつまで続けるか、自分でも分かっていないのですが、雑誌とネットの連載ですから、自分がやめたいと思う前に「ありがとうございました」と言われるかもしれません。

未来は分かりません。

でも、分からないからこそ、楽しいと思うことも大切だと思っています。

未来が分からないから不安だと思うよりも、分からないからワクワクすると思う方が素敵だと思っているのです。

この中の相談が、あなたの人生の何かのヒントになるのなら、僕はとても幸福です。

んじゃ。

＊本書は月刊誌「一冊の本」
およびニュースサイト「AERA dot.」に
2019年12月～20年9月まで掲載された
同名タイトルの連載を一部修正し、
新規原稿を加えたものです。

イラストレーション
佐々木一澄

ブックデザイン
鈴木成一デザイン室

校閲
若杉穂高

編集
内山美加子

鴻上尚史

（こうかみ・しょうじ）

作家・演出家。1958年、愛媛県生まれ。早稲田大学卒。在学中に劇団「第三舞台」を旗揚げ。95年「スナフキンの手紙」で岸田國士戯曲賞受賞、2010年「グローブ・ジャングル」で読売文学賞戯曲・シナリオ賞受賞。ベストセラーに『「空気」と「世間」』、『不死身の特攻兵〜軍神はなぜ上官に反抗したか』（共に講談社現代新書）、近著に『「空気」を読んでも従わない〜生き苦しさからラクになる』（岩波ジュニア新書）、『同調圧力〜日本社会はなぜ息苦しいのか』（佐藤直樹さんとの共著／講談社現代新書）、『何とかならない時代の幸福論』（ブレイディみかこさんとの共著／朝日新聞出版）などがある。Twitter（@KOKAMIShoji）も随時更新中。月刊誌「一冊の本」（朝日新聞出版）、ニュースサイト「AERA dot.」で『鴻上尚史のほがらか人生相談〜息苦しい「世間」を楽に生きる処方箋』を連載中。

鴻上尚史《こうかみしょうじ》のますますほがらか人生相談《じんせいそうだん》

息苦《いきぐる》しい「世間《せけん》」を楽《らく》に生《い》きる処方箋《しょほうせん》

2021年4月30日　第1刷発行

著者

鴻上尚史

発行者

三宮博信

発行所

朝日新聞出版

〒104-8011 東京都中央区築地5-3-2

電話 03-5541-8832(編集) 03-5540-7793(販売)

印刷製本

中央精版印刷株式会社

Published in Japan by Asahi Shimbun Publications Inc.

ISBN978-4-02-251755-5

定価はカバーに表示してあります。

落丁・乱丁の場合は弊社業務部(電話03-5540-7800)へご連絡ください。

送料弊社負担にてお取り替えいたします。